搖擺在台灣、
大陸與日本間的
「三顆心」

台灣人的牽絆

本田善彥
堯嘉寧——譯

目次

第一章

林麗韞——擔任周恩來日語口譯的台灣姑娘

受周恩來疼愛的「關西腔台灣人口譯」

「周總理接見日本客人時，有時候會提起我的經歷——台灣出生、但在日本神戶長大，『小林雖然是台灣出生，但在神戶長大，所以她的日語是關西腔。在中國來說就是蘇州腔』。中國人認為蘇州腔比較柔軟，關西腔也是，由女性講起來比較好聽。」

時至今日，林麗韞對周恩來的聲音和表情，都還像是昨天才發生般的歷歷在目。

當時，林麗韞是中聯部（中國共產黨中央對外聯絡部）的日語翻譯人員，在日中邦交正常化[1]的會談過程中，擔任周恩來的口譯，可以說是肩負著「中國之聲」的重責大任。正確的發音、隱約的關西腔——透過她的聲音，日本首相田中角榮率領的日本政府代表團聽到了中共首腦的言論。

「那時我真的是全心投入的，雖然當時口譯的內容已經不完全記得了，但是一九七二年九月二十五日到三十日之間，我一直和周總理同進同出的興奮和喜悅感，一生都不會忘。」

林麗韞在一九三三年出生於台灣中部的台中清水，在戰爭中到戰後時期，是在日本度過的，之後又前往中國大陸，成為歸國華僑的一員。她陸續擔任毛澤東和周恩來的口譯，因此成為最接近當時中共權力核心的台灣人。

中共周遭的國際環境正發生激烈的變化——中共與蘇聯的對決漸趨白熱化，美國開始與中共接近，而聯合國的中國代表權也發生變動；也是在此刻，日本與中共之間開始邦交正常化的談判，這件事將會大大影響到東西冷戰狀態之下雙方的平衡，所以極為受

---

1 本書把發生於一九七二年九月二十九日、日語通常稱作「日中國交回復」或中文所稱「中日建交」的事件，稱為「日中邦交正常化」。

日本政府於一九五二年四月二十八日與台北的中華民國政府簽訂了《日華平和條約》（台北方面稱《中日和平條約》。雖然在一九五一年九月八日，日本、美國等四十八國已經在舊金山召開會議並簽下《舊金山和約》，不過台北方面並未受邀與會）。當時日本與中國之間的戰爭狀態已終結，雙方已回復邦交。然而一九七二年九月二十九日發表的「中華人民共和國政府和日本國政府聯合聲明」（日語：「日本国と中華人民共和国政府の共同声明」）中，日本政府承認北京政府是中國唯一的合法政府，取消對台北政府的承認。換句話說，這既不是日中兩國「建立邦交」，也不是「恢復邦交」，所以日本政府方面稱為「日中邦交正常化」，而北京方面則稱為「中日邦交正常化」。本書的用語也是依照這個概念。

而在「日中邦交正常化」之後，日本隨即與中華民國政府斷交，關於此事，林金莖在用日文接受筆者採訪時，特別強調「日本與中華民國斷交時，台北方面是使用『中日斷交』之類的用語，但是日本方面怕這樣會與中共當局和日本的關係產生混淆，所以使用日文時稱為『日華國交斷絕』，好使日本方面容易區分。」本書有鑑於上述事實，同時也為尊重採訪對象的專業判斷，所以用「日華」稱呼日本政府與中華民國政府的關係，而「日中」則指稱日本政府與中華人民共和國政府關係。

到全世界的矚目。

當中共要進行重要的外交談判時——就像季辛吉（Henry Kissinger）和尼克森（Richard Nixon）到北京訪問——通常會邀請對方的元首或代表到北京進行談判。有人認為這是「為了讓對方配合中共步調進行談判的常用手法」。因為這次也計畫讓日本的首相到北京來進行談判，所以也有些觀察家認為：這又是要依中共的步調進行建交的談判。不過，其實幕後的實情卻不必然是如此。談判從一開始就圍繞著核心議題——「戰爭狀態的終結」問題——僵持不下，也就是如何看待一九五二年的《日華平和條約》中「台灣問題」的處理。林麗韞是這麼回顧這段歷史的。

「已經到了要兩國首腦面對面的階

林麗韞近照，2002年4月攝於北京市內自宅。（徐宗懋提供）

段，自然不會事前毫無準備。不過，當時其實也覺得，好像非見面談不可。這並不是說在談判開始前，雙方就已經對所有細節取得共識了。其實當田中首相到達北京時，中方都還不確定這次邦交正常化的談判能否成功。」

林麗韞也承認，「就像日方的報導一樣，在談判時，中日雙方都有尖銳的交鋒。」田中抵達後，緊接著於九月二十五日下午，在人民大會堂舉行雙方首腦的第一次會談。這次會談圍繞著如何盡早解決戰後的各項處理和台灣問題。一開始，雙方先針對複雜的經濟局勢互相試探。周恩來一發言就具體指出「半世紀以來日本軍國主義對中國的侵略」，並且激烈地描述「我方因此而蒙受的犧牲」，他聲色俱厲的陳述，讓在場的日本內閣官房長官[2]二階堂進認為「實在是非常的咄咄逼人」。

相較於此，田中角榮則是稍微提高音量的說：「你們國家連選舉都沒有，我的國家可是會舉辦選舉的。我自己說不定會被暗殺呢。」他表示在日本國內，也都還存在著反對日中邦交正常化的意見，但他自己卻排除萬難來到了北京。而周恩來也回說：「在我的國家，像這位口譯這樣的年輕人之間，也存在著反對的聲音。」

2　譯註：內閣官房長官為日本內閣官房的最高首長，是日本內閣中僅次於內閣總理大臣（首相）的職位，相當於副首相和日本政府發言人。

日本自民黨內部，當時有以「青嵐會」為首的親台灣派，這些親台灣派的不滿聲音甚囂塵上。當時日本的主流輿論雖然大抵支持日中邦交正常化，但是對於與台灣政府斷交，卻明顯偏向不支持的態度。

田中首相說自己「說不定會被暗殺」，也不完全是誇大其詞。其實，就在田中出訪大陸的前一天晚上，才在東京世田谷逮捕了想要暗殺他的右翼分子，田中和外務大臣大平正芳、二階堂也都分別接過恐嚇電話，各處都被指稱有不穩定的狀況。日本警視廳也因田中訪中而加強管制，對右翼和部分極左團體嚴加監控。

另一方面，北京方面也在控管田

於北京首都國際機場歡迎日本總理大臣田中角榮（右）等一行人的周恩來。左為林麗韞。（林麗韞提供）

中訪中一事，並開始向國內宣導「必須把日本的軍國主義這一部分和日本的國民區分開來。日本人民和中國人民一樣，都是之前戰爭下的受害者」。一九七二年距離戰爭結束才剛過四分之一個世紀，很容易想像當時有許多中國人，對與日本的戰爭仍記憶鮮明，對於在戰爭中受害，也還感到義憤填膺。而且中共自己從文革時期一直到田中內閣上台之前，都還一直在批評佐藤榮作內閣是「與美帝勾結、圖謀日本軍國主義復辟的反動政權」。

當時的大陸理應不可能有人對毛澤東的決定抱持異議。不過，因為預先料到在對日談判時，必定會涉及戰爭賠償等敏感問題，所以也有必要對政策的急轉彎預留伏筆。

也不只是戰後一些待處理事項的問題而已。還有台灣問題、日美安保問題等與國家安全保障密切相關的重大議題，在過去也都懸而未決。在二階堂的回憶錄中就曾提到：「與台灣相關的問題很多，可以說都十分棘手，田中詳細說明了《日華平和條約》的後續處理，以及拉近與中國的關係之後，對《日美安保條約》將造成怎樣的影響。而周恩來總理對此則表示：『日本對台灣，可保持與過去相同的經濟交流、人員交流、文化交流。我們對此並不干涉。』」

田中表明日中邦交正常化的大前提是必須維持《日美安保條約》，因此周恩來接著又對田中表示：「這也無所謂。日美關係是日本和美國的問題，日本要堅持對日本而言非常重要的安保條約是理所當然的。」北京方面過去以來一直對日美的安保體制極度批判，但從談判的第一天開始就擺出容忍的姿態。

在會談的第一天，周恩來便提出「求同存異（大方向相同，但容許小差異）」的訴求，田中也回應了這種說法，不過日中雙方在展開談判時，都還是帶著不安。

「添了麻煩」的發言讓氣氛為之一變

這天晚上，周恩來在人民大會堂舉辦歡迎晚宴，席間，田中說出「ご迷惑（添了麻煩）」的發言，在其後的談判過程中一直引發爭議。田中先是提到日中之間的交流已維持兩千年了，接著又提及「不過很遺憾的，在過去數十年間，日中的關係經歷了不幸的演變。對於我國在過去數十年間對中國國民『添了許多麻煩』，我想在此表達深切反省之意」。

當時林麗韞剛好翻譯完周恩來的歡迎詞，在空檔聽到這席話。她回憶道：「當日本方面的口譯人員把『ご迷惑』翻譯成『添了麻煩』講出來，在會場的全體人員頓時一片譁然。」

「日本方面沒有什麼不同，不過中國方面瀰漫著一股不尋常的氣氛。擔任英語口譯的唐聞生事後說：『發動那麼大的戰爭，卻只用「添了麻煩」一語帶過，不會太一派輕鬆了嗎？』一向敦厚的周總理，也對這句話感到十分不滿。」

如同林麗韞所說的，北京方面沒有打算隱藏他們對田中的「添了麻煩」發言所感到的疑問和不滿。

日本各報紙在九月二十六日都報導了歡迎晚宴的狀況，各家報紙也都大幅刊登了周恩來用筷子夾菜給田中的照片，強調雙邊的友好關係。不過，也有記者注意到北京方面對「添了麻煩」的發言出現大為不解的表情。

讀賣新聞的特派員森脇逸男便寫到：「田中首相在致意時表示：『對於我國在過去數十年間對中國國民做出如此添麻煩之

在1972年9月25日於人民大會堂舉行的歡迎晚宴上，周恩來（中）以筷子為田中角榮（左）夾菜，最右側則是日本外相大平正芳。隔天日本各家報紙皆刊登這張照片。（共同通信社提供）

事，我想在此表明深切反省之意。』在講這句話的時候，田中首相與一向性急的形象不同，是以緩緩的、低沉的聲音表達。但是，對中國人贖罪的話就只有這句了。讓人不禁覺得：難道這樣就夠了嗎，好像有哪裡不足吧？中國方面的鼓掌也戛然而止了。」接著他也提到日本記者們的反應——「『首相太怪了吧。講話的內容和口氣都是沒有下文的樣子……』，連記者之間也對此感到納悶。」

朝日新聞的特派員西村秀俊也以憂慮的口吻寫到：「在田中首相致詞時，每當一段落停頓時，中國方面總是會送上掌聲，但有幾次卻沒有人鼓掌。其中一次就是當他說給中國國民『添了麻煩』的時候。周總理致詞時，對於同一件事是用『災難』來表現。難道周總理是想表達不滿，表示這件事不應該輕輕用『添了麻煩』帶過嗎？」而隔天二十六日便知道，西村的憂慮確實是正確的。

在二十六日的第二次首腦會談中，周恩來便提到田中在前一天的發言。「幾百萬中國人在戰爭中犧牲了。日本也蒙受了極大的損害，我們絕不能忘記這類歷史的教訓。田中首相說『要反省過去發生的不幸』，我們也同樣認為應該如此。不過，『為中國人民添了麻煩』的說法，反而會招來中國人的反感。在中國，添麻煩這個詞只會用在小事情上。」

林麗韞回憶周恩來還接著說：「『添了麻煩』這句話，是譬如把水濺到女性的裙子上，道歉時所用的話。日方以前所做的事，難道只用『添了麻煩』就可以了結嗎？」二階堂轉述田中此時「還堅持：『不清楚中國是如何，不過在日本，這句話已經涵蓋一切了。』」

當時也參與談判的外務省中國課長橋本恕在事後回憶：「周總理當時幾乎是怒髮衝冠。大平外相的臉刷的一下就慘白了。」

不過，日中雙方對這件事的理解有微妙的不同。林麗韞表示「周總理是以嚴正的口吻清楚說明原則，不過並沒有情緒高漲、飽含怒氣地提高音量」，與橋本的描述有些許不同。

關於向中國賠罪的話要怎麼說，田中在出發之前，於九月二十一日召開的記者會中，便表示他會以「在東方世界最率直的表現法」，確實表達對中國「添了麻煩」。外務省的相關人士透露，當天的翻譯官早就提出警告：「只說添了麻煩，將導致中國方面的不滿」，不過因為執政黨憚於黨內的親台灣派會表示反對，所以決定還是採用這種說法。

橋本恕也表示：「這是我考慮多日、多次推敲，說得誇張一點，是傾盡全部精力才寫成的講稿。當然事前也多次交由田中總理過目，最後決定『就這樣了』。」也就是說，其實不是翻譯的問題，是真的考量當時日本國內的輿論之後，最後決定了這種遊走邊緣的講法。

不過，北京方面如周恩來等人竟然有這麼大的反應，還是出乎日方的意料之外。二階堂表示「談判中一直出現出乎意料之外的狀況，（中略）有時雙方也會怒顏相向。」這段回憶透露出日本方面也對北京的震怒感到十分困惑。

日中雙方對「一個中國」的攻防

在九月二十六日的第二次首腦會談中，接在「添了麻煩」的發言風波之後，周恩來針對「戰爭狀態的終結」問題也提出嚴正的意見。這既是關於日本政府與台北的中華民國政府所締結的《日華平和條約》的定位問題，也意謂著日中談判的核心議題——戰爭的賠償問題與台灣定位問題——將被凸顯出來。田中二十六日時樂觀地對隨行記者表示：「會在第一次會談就定案」，但真正的瓶頸，其實是在第二次首腦會談之後才漸漸成形。

在這天的首腦會談中，周恩來表示「如果承認蔣介石跟日本之間締結的和約與《舊金山和約》，雙方建立邦交正常化時所遇到的問題就沒法解決了。因為如果承認這兩個條約，就等於表示蔣介石才是正統，我們則不是合法的了。因此，我們希望以中國的『三個原則』為前提，考量日本政府所面臨的困難。」他一再強調《日華平和條約》的不當和無效。

所謂的「三個原則」是「日中國交回復三原則」的簡稱，這可以回溯到一九七一年，當時由公明黨訪中團和中日友好協會所發表的共同聲明。這三個原則包括承認中華人民共和國是中國的唯一合法政府、台灣是中華人民共和國不可分割的一部分，以及廢除《日華平和條約》。其實本來是「日中國交回復五原則」，其中還包括「美國自台灣撤兵」和「中華人民共和國在聯合國的代表權」等，不過後來因為聯合國問題已經解決了，加上季辛吉和尼克森等美國高層的訪中讓人充分預感華盛頓和北京之間的和解，美軍撤台看起來也是遲早之事，所以便被稱作「日中復交三原則」。北京方面不承認中華民國政府的正統性，所以當然也認為《日華平和條約》是不法締結的條約。

周恩來對於《日華平和條約》以及戰爭賠償的問題則有如下言論。

「我們要釐清這是蔣介石的問題。聽說外務省認為蔣介石已經放棄賠償了，所以這件事就不必再談了，我們對於外務省有這種想法感到很驚訝。蔣介石是在逃到台灣之後，而且是在《舊金山和約》之後，才放棄對日求償的。這對他來說是他人之物，不能拿來作面子。但戰爭帶來的損害是大陸在承受的。」

他接著又說：「我們知道要賠償的苦。我們也不想讓日本人民承受這種痛苦。」接著提到外務省條約局長高島益郎在首腦會談前所做的說明，並追問日方：「田中首相來訪中國是為了解決雙方的邦交正常化問題，所以我們為了促進中日兩國人民的友好，也考慮要放棄賠償。但是，我們不能接受因為蔣介石放棄了，所以認為這個問題已經解決了的想法。這對我方而言是一種侮辱。我們尊重田中、大平兩位首長的想法，但日本外務省的說法不就是背離了兩位的想法嗎？」

不過以日本的立場來說，既然接受了《舊金山和約》，又與中國的代表——台北的中華民國政府——簽訂《日華平和條約》，可以說就此結束了與中國之間的戰爭狀態，因此無法否認這個二十年前簽訂、並經參眾兩院批准的條約。

關於戰爭賠償的放棄，其實是因為蔣介石的中華民國政府當時急著與日本議和，因此一反先前要求賠償的主張，以放棄求償換取《日華平和條約》的簽署。其後，中華民國政府卻將在恢復邦交時放棄的戰爭賠償，定調為「蔣介石對日本以德報怨」，並大肆宣揚，包括外務省在內的日本政府其實也有些不以為然。無論如何，日方的主張是以法律為根據，認為日中之間的戰爭賠償問題已經獲得解決，與北京當局的交涉也不是為了建交，而是以「邦交正常化」的名義進行，也就是繞個彎承認北京的政府。北京方面則主張「台灣問題不是法律問題而是政治問題」，然而若要日本政府依字面意義接受北京方面的主張，是不可能的。

周恩來對田中強調，北京「無法接受因為蔣介石放棄，所以不必賠償的說法」。不過，其實北京方面也早就知道戰爭賠償的問題會是對日談判的重大瓶頸，在田中訪問大陸的兩個月前，也就是七月二十七日，周恩來便向來訪北京的公明黨委員長竹入義勝傳達了北京因「毛澤東的判斷」而決定放棄賠償的想法。這次發言內容當然也傳達給田中了。而當時北京方面也透過內部的指示，宣傳「台灣的蔣介石已經在我們之前放棄賠償了，共產黨的度量當然不可以比蔣介石還小」、「如果在賠償問題上顯示寬容的態度，比較容易讓日本傾向我方」之類的想法。

林麗韞也回憶起在這個時期的內部會議中，周恩來曾口頭提及「不可因戰爭賠償而對日本國民造成壓迫」的官方說法。林麗韞又說，周恩來還提到日本對東南亞進行的賠償計畫，「都是一些已經淘汰的舊式物品，只是重新上漆而已」。從周恩來的說明中，可以讀出「其實日本的賠償也不是什麼好東西。不必太過期待」的弦外之音。從周恩來這一連串的言論和動作，也可以看出在北京方面「不可以因戰爭賠償而對日本國民造成壓迫」的官方說法之下，其實也希望早日達成雙方的建交，因此對戰爭賠償的問題等，也盡可能對日本採取寬容的態度，同時在大陸內部也要加強說明，讓人民接受不會從日本獲得賠償之事。

攻防焦點──「波茨坦宣言第八條」

正如同林麗韞所說的：「邦交正常化最大的爭點便是台灣問題。換句話說，也就是『一個中國』的問題、其實是日蔣條約的問題」，雖然中共已在許多方面讓步，例如承認日美安保體制、放棄戰爭賠償，但是對於「台灣是中華人民共和國的一省」這個原則，卻絲毫不讓。

在第二次首腦會談上目睹周恩來以高分貝講話之後，田中與大平無法隱藏他們的震驚。兩人在會談結束之後回到下榻的釣魚台迎賓館十八號樓，當時已經過了午餐時間。橋本形容他們進餐時進行了如下的談話。

「大平外相完全無心於眼前的午餐，而且還對田中首相說：『照這樣看來，這次的會談說不定不會有結果了。』田中首相則回道：『不可能的事，就算辦不到也沒辦法不是嗎？如果談判沒有共識，那就這樣回去吧。也只好回去了。』」

大平還不肯罷休地說：「不能就這樣回去」，田中接著回道：「不要為這種事擔心了。政治責任由身為總理的我來扛，你不用再擔心了。說到底啊，像你們這些大學畢業的人，本來就不適合在這種浴血的最後關頭一決勝負啊！」之後田中和大平又聊了些別的，最後終於重振精神，決定繼續努力推動邦交正常化。

北京方面要求在日中共同聲明中，必須明文加註「台灣是中國的一省」，而日本方面則決定加上「日本政府堅持波茨坦宣言第八條的立場」一條，並在「戰爭狀態終結」的宣言中，採用「結束迄今存在於兩國間的不自然狀態」的用語，並在當天晚上作成日本方面的備忘錄。

在這裡提到的「波茨坦宣言第八條」，是因杜魯門、邱吉爾、蔣介石要求履行一九四三年的開羅宣言而產生的，一九四三年的開羅宣言確認了東北三省、台灣、澎湖諸島等歸還給中國，但日本在締結《舊金山和約》時，並沒有提到台灣如何歸屬的問題，只提及將放棄對台灣、澎湖等島嶼的一切權利。而一九四五年簽署的波茨坦宣言第八條，指出日本主權必限於本州、北海道、九州、四國及和約規範決定的小島內。日本之所以提出「堅持波茨坦宣言第八條的立場」，等於透過強調自身主權範圍，避免與北京方面堅持「台灣是中國的一省」的主張產生正面衝突。另一方面，北京的解釋則是波茨坦宣言第八條中，表明必須履行開羅宣言，意思就是確認台灣回歸中國。總體而言，雙方的解釋雖然有微妙的差異，但東京方面始終強調維持一個中國政策。

在這天的會談中，周恩來相當直接地陳述了北京方面對於台灣政策、日美安保、中蘇關係的基本態度。他開宗明義地說：「關於《美日安保條約》，我方並沒有打算以武力解放台灣。」因此，「我方對於《美日安保條約》感到不滿。不過，《美日安保條約》可以保持原狀。中日邦交正常化與《美日安保條約》無關。我方並無意讓美國感到為難」，再次表明中方願意接受日美安保體制的立場。

當時日中雙方與蘇聯之間緊張的外交關係，被認為是促使北京和東京建交的隱藏原因之一。針對與蘇聯的關係，中方除了表示「中日友好並不是排他的。中日邦交正常化並未針對第三國」，而且「中日邦交正常化並非針對美國。雖然中日雙方對於蘇聯各有意見，但不想載明於條約或聲明中」，發言十分微妙。

「借一下洗手間」：突然成真的田中、毛會談

九月二十七日除了田中與周進行的第三次會談之外，大平正芳、姬鵬飛兩位外交部長則前往萬里長城參觀，並在來回的車上有許多對話，頻繁地交換意見。林麗韞回憶「周總理和田中首相的會談中，並沒有針對共同聲明的內容等逐一交換意見，只針對大原則的問題，例如表明對『添了麻煩』發言的立場等交換意見」。而且「雖然日本方面推測姬外交部長大概是要徵詢周總理的指示，所以有時會離席，不過條文的擬定還是全由兩位外交部長的會談決定」。條文的問題和共同聲明的定案，也是透過外交部長的協

商決定。

在第三次首腦會談中，討論到「戰爭狀態終結」的宣言，日本方面提議要用「結束迄今存在於兩國間的不自然狀態」的用詞，而周恩來則提出用「不正常狀態」替代，可以發現雙方的邦交正常化談判正朝向妥協的方向。

林麗韞是這麼回憶的。

「其實在田中首相來訪北京之前，就已經大概知道『一個中國』的相關問題會造成對立了。也知道在日本國內，有一部分輿論要求維持日本跟台灣之間的關係，且十分反對中日邦交正常化。在進行談判時，也發生比一般所知更劍拔弩張的情況，而且對於『一個中國』的相關問題，雙方都堅持不讓步。最後

1972年9月27日晚上，在中南海幫田中角榮、毛澤東的雙方會談作口譯的林麗韞（中）。一般的解讀是有此會談，表示日中邦交正常化已經進入倒數的階段。（林麗韞提供）

是由大平外相透過對外談話，宣布廢棄日蔣之間的條約。」

「周總理除了堅持原則之外，也擅長靈活地與對方斡旋、說服對方。他是『以理服人』型的政治家，但是當雙方意見歧異時，也不排除以『求同存異』的手段解決。他擅於讓雙方巧妙地取得平衡，並找到最後絕妙的解決方式」，林麗韞強調周恩來的判斷可以做到「軟著陸」[3]。第一次首腦會談將結束時，周恩來也曾對田中提到「求同存異」。

在這天晚上，田中角榮和毛澤東的會晤突然實現了。日本方面的相關人士對於田中和毛何時會談，原本存在著各種臆測，有人認為是田中抵達北京之後立刻會晤，但也有其他各種說法。而田中等人被通知要與毛澤東會談，則是在二十七日當天的第三次首腦會談結束之後，外交部禮賓司長韓敘突然告知：「毛澤東主席準備在今晚八點到九點與田中首相會晤。」一過八點，周恩來就出現在國賓館內，讓田中、大平、二階堂分別乘坐不同的車，前往毛澤東居住的豐澤園。

田中和毛會晤時，是由林麗韞擔任口譯，她回憶當天的情景是：

「我們這些外交談判時中方的口譯官，都在當作談判會場的人民大會堂的一個房間中，整天工作。在第三次首腦會談結束之後，突然通知我們『現在要去毛主席那裡』。那時候還有另一位口譯也在那邊，他是外交部亞洲司的王效賢。時間到了之後，周總理說了一聲：『坐上我的車』，便帶著我們從人民大會堂出發，前往中南海的毛主席官邸。我們這些口譯就和周總理一起坐在後座。」

所謂的中南海是中海和南海兩個人造湖的合稱，位於北京中心部位的紫禁城西側，分別伸向南方和北方，在明朝和清朝都是皇帝的御花園。中共政府成立之後，這裡成為中共中央和國務院的所在地，毛澤東和周恩來的日常起居也都在這裡。這是第一次也是最後一次田中與毛的會晤，北京方面有毛澤東、周恩來、廖承志、姬鵬飛出席，日本方面則有田中角榮、大平正芳、二階堂進。其中廖承志是國民黨元老廖仲愷與何香凝之子，於一九〇八年生於東京，曾就讀早稻田大學，是北京政府當中公認的日本通。日本外務省的隨行人員都未蒞席此次會晤，而日中雙方的首腦們今日也都已不在人世，所以今天可以轉述當天狀況的人，只剩下北京方面的口譯林麗韞及王效賢等極少數的目擊者。

毛澤東的官邸是鋪著青色瓷磚、灰色屋瓦的四合院，毛澤東站在玄關迎接他們一行人。依據二階堂進的描述，與歡迎他們一行人的毛澤東握完手之後，田中開口說的第一句話是：「可以借一下洗手間嗎？」於是便被領進屋裡。由此可見田中一行人是多麼急忙地前往。

3　譯註：即以緩和的措施，使重大問題得以解決。

田中急著問洗手間一事，也給北京方面留下難忘的印象。林麗韞一邊淺淺地微笑著，一邊回憶當時的事：「這麼說起來，的確是在走向洗手間時，還一邊草草打招呼的。要跟毛主席會晤，就連田中首相也難免緊張吧。毛主席在外面一直等到田中首相出來。」

田中一行人跟著周恩來，一起進入毛澤東的書房。如果根據林麗韞的描述試著還原書房的樣子，那是一間很大的房間，四周擺著巨大的書櫃，書櫃裡排滿了線裝書。書櫃前面有四盞燈，房間中央是排成半圓形的沙發。毛澤東與田中等人一個一個握手，請客人們坐下。

林麗韞對田中與毛的會晤有如下描述。

「毛主席看著田中首相的臉，一邊說：『你們架吵完了吧！』田中首相本來對於與毛主席的會晤感到十分緊張，一聽這話，氣氛一下子就緩和下來了。接著，毛主席轉頭對大平外相說：『你這名字叫大平，天下太平嘛！』中文中的『大平』與『太平』的發音相近。把它想成『天下太平』的意思翻譯過去，日本方面的人也笑開了。田中首相這時候才露出安心的表情。毛主席非常幽默，所以客人們也就一點都不拘束了。田中首相、大平外相、二階堂官房長官都非常地守分有禮，這是一次和諧的會晤。」這裡所說的「吵架」，是指對於台灣問題和戰爭狀況的終結等懸而未決的事項，日中雙方爭執不下的情況，可見毛澤東對於日中談判的全部過程都得到了非常詳細的報告。二階堂對毛澤東的發言覺得「說話怎麼這麼直接啊！」透露了他當時的驚訝。

在會晤結束之後，二階堂進的簡報中評論田中與毛的會晤「不包含任何政治因素，是在和諧的氣氛中進行的」。不過，這次會晤並沒有日本方面的口譯人員隨行，而北京方面至今為止所發表的雙方會晤紀錄中，只透露了毛澤東的一部分發言。

代表談判成立的田中、毛會談

二階堂進回憶田中與毛的會晤時說：「其實幾乎都是毛澤東一個人的演說，不

於中南海的毛澤東書房舉行會談的中日首腦。右起為田中角榮、毛澤東、周恩來，中央後方的女性為林麗韞。後方牆壁的一整面書架上都是線裝書籍。（林麗韞提供）

到一小時結束了」，「若要說這次的會晤到底有什麼意義？應該是為了化解『添麻煩』發言所造成的問題，讓雙方不要在感情上還有疙瘩；這也是一個儀式，代表此時談判即將畫上句點了」。

在會談將結束的時候，毛澤東送了田中線裝的《楚辭集注》六卷。究竟為什麼毛澤東要送這本書，有人認為是「讚譽田中為了推動建交，下定決心訪問中國，正像憂國憂民的宰相屈原」，但二階堂則認為是「『學學詩吧』的意思」，解釋紛紜。

不過，橫濱市立大學的名譽教授矢吹晉則認為，之所以送給田中《楚辭集注》這卷書，是因為該書中有「忼慨絕兮不得，中瞀亂兮迷惑」的句子。毛澤東想要用這個證據告訴田中，在中文的脈絡中，

1972年4月27日，毛澤東（中）、田中角榮（右）及周恩來在北京中南海內毛澤東的書房會談。會談中毛澤東贈送《楚辭集注》給田中角榮，並與其握手。（共同通信社提供）

「迷惑」是這樣用的。毛澤東稱自己是「書中毒」，他精通中國古籍，而透過古籍中的一節來表達自己的見解，這正是中國傳統文人的做法。

田中本人對於毛澤東送的東西似乎感到十分激動，有人說他在會晤結束之後回到了宿舍，還一直翻閱《楚辭集注》到清晨五點。田中回到日本之後，也告訴別人：「毛澤東這個人的器度遠比我們所想的都大，他是一位大學者。」

二階堂在會晤結束後的簡報中，表示「在公開發表的內容中，只需要拿掉毛澤東最後道別前所說的話」。因為「如果公開他最後說的『近日將蒙天主召見』，恐怕『毛澤東已不久於人世』的新聞很快就會傳遍全世界了」。林麗韞的回憶中也有提到這件事：「共產主義者不會說『蒙天主召見』，而是用好像開玩笑的口吻說『要去見馬克思了』。當時的毛主席不管接見誰，都會說『我也快要去見馬克思了』。我們只覺得『毛主席又在開玩笑了』。」

日本方面的相關人士大多認為田中與毛的會談將在二十八日實現，然而竟然閃電般地在二十七日晚上就成事，於是「邦交正常化已經進入倒數階段」的說法一時之間變得甚囂塵上。

簽署日中共同聲明、疲憊困頓的田中

在田中與毛會談之後的隔天，也就是九月二十八日的下午三點至四點五十分，進行了第四次首腦會談，同時也是最後一回合的會談。邦交正常化過程中最大的難關已經克服，而且田中與毛的會晤也已是既成事實了，所以這天的會談，大抵是針對具體的問題，尤其是對日本和台灣斷交後的關係交換意見。田中表示斷交後仍將與台灣維持民間層級的交流，周恩來對此也表示接受。晚上，在人民大會堂由田中作東，舉辦了答禮晚宴，兩位首腦都進行了演說，互相強調對日中的「新篇章」充滿期待。日中兩國對邦交正常化的談判，到此終於達成協議。

接著在九月二十九日十點二十分，兩位首腦蒞臨人民大會堂，簽署了「日中共同聲明」，確認日中邦交正常化。台下不斷閃著閃光燈，兩位首腦在台上完成署名、互相交換正本、重複不斷的握手。林麗韞就站在周恩來旁邊。對於從二十歲開始投入對日工作的林麗韞來說，這真是充滿感激與興奮的一瞬間。

「在雙方簽署的時候，我是站在照相機照不到的地方，不過在交換聲明的時候，因為周總理說不定會和田中首相交談，所以我趕快站到周總理的旁邊去。他們大概是說恭喜、以後請多多指教，這類的話。我的思緒也在翻騰著，這對我而言也是一個新時代的開始。」

緊接著，大平與二階堂一起到媒體所在的地方召開了記者會，由大平宣布《日華平和條約》已經終結，日本與中華民國的外交，已由日本方面靜靜地拉下了終幕。在記者會中，二階堂也宣布北京政府「送了一個禮物給日本國民」，也就是一對大熊貓「康康」和「蘭蘭」。

在簽署共同聲明之後，周恩來帶領日本政府代表團前往上海。二階堂記得田中一上飛機就睡著了。二階堂說「叫他起來吧」，周恩來卻說「讓他睡吧」，反而制止了二階堂。

二十九日下午抵達上海時，上海市革命委員會主任，同時也是「江青四人幫」之一，正因文革而達到權力巔峰的張春橋，正在上海的虹橋機場等候。抵達上海的田中一行人，受到比北京更大規模，約兩千人歡迎陣仗的迎接。一行人在張春橋的招待之下，參觀了人民公社等地方。

「大平，你這麼會喝嗎？」

當天晚上，由上海市革命委員會作東，舉辦了歡迎晚會。林麗韞回憶起那天的宴會，說：「我從宴席的一半開始跟隨大平外相。大平先生在北京時沒怎麼喝酒，不過那一天大概是因為大功告成了，感到十分安心，所以離開座位，輪流到各桌敬酒。」

周恩來觀察了一會兒，便叫林麗韞去跟著大平。

「大平先生先是給日本客人比較多的桌子敬酒，周總理當時也走過去，和大家一起乾杯之後，很自然地請大平外相一起回到座位。周總理沒說，但我的體會是，總理注意到如果大平外相把所有桌子都敬完，就會喝太多，容易失態，所以細心地幫他作了安排。要巡迴那麼多桌，一桌一桌的乾杯，實在是不可能的事。周總理

周恩來（左）於1972年9月30日在上海為田中角榮、大平正芳送行。周恩來身旁的女性是林麗韞。右方可看到「江青四人幫」一員的張春橋，在當時的上海權傾一時。（林麗韞提供）

充分觀察到大平先生因為連日的談判，已經累壞了，另一方面又因為來訪中國的目的成功達成，感到鬆了一口氣。他不露痕跡地想要顧及大平先生的形象。」

田中平日號稱千杯不醉，但可能是因為連日來的疲勞，聽說那天田中也稍顯醉態。不過那天比田中醉得更嚴重的，卻是大平。

林麗韞的回憶是：

「大平先生輪流到每一桌去乾杯，田中首相對此也感到十分驚訝，甚至還眼睛睜得大大的問說：『大平今天很會喝喔。你這麼會喝嗎？』」

林麗韞把田中的話翻譯給周恩來聽，大概是因為這樣，所以周恩來注意到大平的酒量已經快超過界限了。看不下去的周恩來因此離開座位，把大平接回來。

看到日本方面的代表都醉得很厲害了，周恩來於是站起來說：「希望今晚的宴席能夠永遠不散。大家看起來也都還能喝。不過，待會兒還是請各位拿起前面的那杯酒，那是留待下次的酒，是為了中日友好的酒，讓我們一起乾杯。希望日後再會。為了那一天的到來，讓我們舉杯吧。」接著便結束了晚宴。各家報紙都報導了在掌聲中，周恩來撐扶著田中退席的畫面。

田中回到日本後，靦腆地笑著對人說：「周總理的酒量真令我甘拜下風。茅台酒一直倒，還能夠乾杯，連我這個海量的人都醉了。」不過也有人說，因為罹癌的周恩來身體不好，所以他的杯子裡倒的其實不是酒。

隔天三十日早上，田中一行人準備從虹橋機場回日本。到機場的一路上，都有市民夾道歡送，在機場更聚集了五千人前來送行，比田中一行人到上海時陣仗更大。前來送行的周恩來與田中握手道別，並請他「回到日本之後，代向天皇陛下致意」。周恩來還準備了兩箱茅台放在專機中，當作餞別的禮物，這兩箱茅台十分受到田中的喜愛。

日航專機離開上海後，在下午一點五十分降落在羽田機場。田中發表的聲明中，表示此行「為國家之利益，竭盡棉力。在各階層國民的支持之下，此行幸不辱使命，順利完成這個總有一天一定要由某人達成的使命」。

田中一行人回國之後，馬上前往自民黨總部，並蒞席兩院的議員大會，由田中針對日中首腦會談的內容、大平則針對日中共同聲明的內容，各自做出報告。在約兩小時的大會中，有親台灣派的議員發動抵制，因為「與台灣斷交違反黨議」。不過，在增加附帶條件「黨的執行部門今後應重視協調黨內的意見與團結」的前提下，最後還是通過了該報告。執政黨內部關於日中邦交正常化的爭議算是暫時畫下了句點，而延燒六天的日中談判行程，至此算是正式拉下終幕。

對田中內閣寄予期望的中共

「早在田中內閣成立之前，我們就知道田中希望推動邦交正常化，即所謂的『鴨子外交』。田中先生一開始就對中日邦交正常化相當積極，我們中國這方面也從田中先生就任首相之前的談話中，充分得知他有向前邁進一大步的打算。中國方面也透過來訪的公明黨、民社黨的代表和資本家等，嘗試對後佐藤時期的方針做出判斷。」

「鴨子外交」是當時在日本新聞報導上常出現的詞彙，指池塘裡的鴨子一般在水面上看起來優雅，但卻在水面下緊密快速地划水，也就是形容表面上沒動靜，但在看不到的地方卻動作頻頻的情況。如同林麗韞所說的，因為北京了解田中所採取的積極態度，所以十分期待他就任首相。

田中從很早期開始，至少是在他擔任佐藤內閣的通產大臣期間，於一九七二年三月二十三日的公開場合發言中，曾表示決定要致力於改善日本和大陸之間的關係。在那天的眾議院預算會議中，面對自民黨的川崎秀二的質詢，他除了強調「本人曾不斷表示給中國添了很大的麻煩，值此兩國邦交即將正常化之際，對於『添了麻煩』這件事感到衷心的抱歉，應該是我方的大前提」，也回答「現在必須超越恩仇，從新的視野與立場，重新思考日中之間的邦交正常化」。

多位北京方面的相關人士指出，從那天的發言之後，北京方面就對田中的言行舉止付諸前所未有的關注。

在那之後，田中又於三月十七日和自民黨議員田川誠一，以及致力於推動日中關係的經濟界人士會談。而在當選首相之後，田中內閣從一開始就表明會盡力促成東京和北京之間的外交關係。另外，從四月以後，自民黨的藤山愛一郎、三木武夫，以及民社黨委員長春日一幸等人相繼訪中，而公明黨更因周恩來的邀請，在五月派出了訪中團。

「在周總理寫給田中先生的信中，曾表示：『若是您成為總理之後能夠前來中國，北京的機場大門將永遠為您敞開。』」

由上述林麗韞的回憶中，也證明中共確實對田中內閣抱有強烈的期待。

1972年8月4日，公明黨委員長竹入義勝（右）至首相官邸與田中角榮（中）、大平正芳（左）商討日中邦交正常化，並提交「竹入備忘錄」。（每日新聞社／Aflo提供）

當田中內閣在七月正式組成後，北京方面有了更大的動作。七月十日上海芭蕾舞團進行訪日公演，以團長身分到訪日本的孫平化[4]與大平進行了非官方的接觸，促請田中訪中。同月十四日，更對造訪北京的社會黨前委員長佐佐木更三表示，歡迎田中前來大陸訪問。

接著在七月下旬時，再度訪問北京的公明黨委員長竹入義勝與周恩來會面，日中共同聲明的草案就是在這時決定的。竹入記錄下周恩來的話，回國後，於八月四日將此備忘錄交給田中和大平，這就是所謂的「竹入備忘錄」。到了這一步，田中終於下定決心，開始認真著手訪問大陸的準備。

4　孫平化，一九一七年出生，遼寧人。日本東京工業大學畢業，旅日期間加入中共外圍組織，回國後從事中共地下工作。一九五二年加入由廖承志領導的對日工作，一九六四年擔任北京政府的在日常駐機構「廖承志辦事處駐東京聯絡處」首席代表，一九七二年以後任中日友好協會副祕書長、祕書長、副會長等。一九九七年在北京逝世。

看準田中即將訪中，全盤收集資訊

美國也很關心在佐藤之後，將由誰接手組閣。在當時美國國務院的機密文書中，針對田中、大平，及佐藤內閣的外務大臣福田赳夫有如下的記載：「福田應該是對於美日關係最有助益的，大平最不顯眼，田中的態度則未知。只有田中最疏於經營海外的關係，連接觸點都沒有。」但是田中十分親民，甚至被暱稱為「角桑」（角さん）。他以「日本列島改造論」為代表的主張，給人很有活力的印象，而且他具有天才的政治敏感度和執行力，因此得到「裝有電腦的推土機」的外號。這些特質在在都讓美國感到摸不著頭腦，但又有些憂心。

雖然同盟的美國對田中感到不太熟悉，但是北京卻朝著接受田中訪中的方向，一步一步地準備著。當時，北京方面動員眾多人力投入田中訪中的準備，「除了田中的交友關係之外，就連田中的嗜好和興趣，例如喜歡什麼口味、喜歡喝怎樣的酒、起床時間和就寢時間等，所有事情都要仔細調查清楚」。林麗韞回憶：在田中確定訪中之後，負責接待田中一行的專案小組就啟動了。當時相繼訪中的國會議員都由林麗韞和另一位日語口譯王效賢擔任翻譯工作，所以一直到田中來訪的不久之前兩人才加入團隊。可見北京方面也是動員最大規模的編制在面對這件事。

林麗韞也表示「周總理對於田中首相來訪北京一事，連小事都想得十分周到」，北京方面對於田中的習慣、甚至是喜好，無一不收集資訊，加以研究和準備。當時以田中祕書身分同行的早坂茂三對於抵達北京那天，在釣魚台迎賓館的事有以下描述。

「抵達北京那天十分炎熱，氣溫超過三十度。田中進到屋裡、脫掉上衣之後，說的第一句話是：『啊，這樣涼快多了。』所有房間的溫度都已調成田中喜歡的攝氏十七度。而且還有二十歲左右看起來很靈巧的年輕人，穿著白色的罩衫，端著一個圓盆及一條擰好的毛巾進來，圓盆中放著加了冰塊的冰水。田中大喜過望，接過冰水一飲而盡。還用中文說著『謝謝，謝謝』。我立刻去看了田中的臥房和辦公室。房間的一角不張揚的放著田中最喜歡的台灣香蕉、富有甜柿，以及木村屋的豆沙麵包。早餐端出來的味噌湯用的是新潟柏崎一家歷史悠久的味噌店裡的三年味噌，碗裡裝著滿滿的配料。田中睜大了眼，先是喝了一小口，然後說『什麼啊，這根本就和我們家的味噌湯一樣啊。』田中首相、大平外相和二階堂官房長官都說：『真是來到了一個不得了的國家啊。交涉和談判都是拚了命在做的。』」

北京方面在事前已經從早坂那裡得知田中的喜好和習慣，而且也將日本報紙和雜誌上所刊載的大小資訊，都做了整理。另外，根據林麗韞的回憶，這些事情的調查結果都已忠實地反映在周恩來的行事安排中了。

「周總理原本是晚上工作、早上睡覺，中午起床就工作一整天的人。但是要迎接田中首相前來中國時，總理辦公室關照說『晚上十點以後就不要再送報告來了』，意思是周總理要配合田中早睡早起的習慣來調整生活作息。」

不過，「晚上十點以後不要送報告來」的指示實際上不太做得到。林麗韞也說：「幾乎是每天，三更半夜都還是要送資料給周總理，或向他說明情況。我猜周總理在那段時間，身體上也是很辛苦的。」

在對日外交投注全力的周恩來

「周總理總是盡力和日本的來賓會面。」

如同林麗韞所說，在一九五三年至一九七五年的二十二年間，周恩來總共接見了日本的代表團達二九五次之多。根據北京方面的統計，他總共接見了約兩百多個團體，如果平均一組代表團有十人的話，也就是共接見了近三千人。

在林麗韞的回憶中，周恩來總是精力充沛地接待來客，她的形容如下：

「周總理接見的團體有各式各樣。除了政黨幹部和企業家之外，還有勞工團體、婦女團體、青年團體等，總之只要時間允許的話，他都會答應日本方面的會談邀請。有一次，從日本來了一個包括勞工、青年、教師等在內的混合大型團體造訪北京，和周總理進行了很久的意見交流，之後又一起共進晚餐，最後總共談了約八小時的話。」

一個國家的首腦花了八小時之久的時間接見海外的訪問團，這件事本身就是一個極少見的特例。

「我也以口譯的身分參與會談。剛好團員中有一位留長髮的男性，周總理問他『為什麼要留長髮呢』，那位男士回答『是為了反抗社會才留的』。而周總理則接著說『我們年輕的時候也對社會感到不滿，所以才發生了五四運動』，不著痕跡地就把長髮的話題轉到革命的歷史了。我對周總理的談話技巧自然深感折服，不過他可以和日本的年輕人對談，並加強交流的深度，這讓當時還很年輕的我不勝感動。」

不過，到底為什麼北京方面在這時候急著和日本建交呢？

「在田中內閣上台之前，中日兩國之間的民間交流一直在進展，這也包括了各政黨間的交流。尤其美國白宮國家安全顧問季辛吉的祕密訪中，更加速了日本方面的積極態度。雖然美國和日本是同盟國，但是美國並未事先通知日本政府，就積極地和北京進行交流。日本人稱這是『越頂外交』，不過因為田中首相為了追上美國而前來北京，所以我們周圍的人就稱這是『超前外交』。」

也就是說，東京和北京之間已經有了一定程度的交流，日本又受到美中關係拉近的刺激，因此就在田中內閣成立的時候，一鼓作氣地開始推動日中邦交正常化。林麗韞的回憶忠實反映出北京方面的公開立場。

另一方面，綜合相關人士的說法，除了北京方面的政治判斷之外，也可以從周恩來（周是當時日中談判的指揮官）本身的情況，推論何以急著推動邦交正常化。

其中一個重要的原因，是中共周遭的國際環境。北京方面考量到中蘇關係和台灣問題，甚至是中南半島的情勢，所以希望改善與美國的關係。在中共政府成立之後，中蘇兩國雖然締結了友好同盟互助條約，但在中蘇交惡後，雙方的對立加深。在一九六

1961年4月，在東京有樂町車站前，為推動日中邦交正常化而發起的聯署活動。（每日新聞社／Aflo提供）

九年三月，中蘇雙方的軍隊又在有爭議的黑龍江珍寶島爆發衝突，日後也持續在滿洲里和新疆發生零星的衝突。

中南半島的情勢也是亂源之一。因為北越想讓越戰持續，所以向蘇聯靠攏並極度仰賴蘇聯，而柬埔寨和寮國本來是中立的，也相繼因政變的關係而改變立場。

而另一個懸而未決的問題，也就是台灣問題，則因在一九七一年解決了聯合國的中國代表權問題，所以對台北的攻勢開始轉強。

據傳反對改善美中關係的林彪，在中共加入聯合國的不久之前，於一九七一年九月，因為發動武裝政變失敗而亡命，卻在蒙古墜機而死，所以國內的主要障礙也被清除了。

「沒有機會到訪台灣了吧」

加速日中談判的另一個主要原因，是周恩來的健康狀況，他在一九七二年的春天得知自己罹癌。不知是否因這個原因，他對於日中邦交正常化一方面有著無比的熱情，但有時也會出現示弱的發言。在日中達成協議的前後，林麗韞親耳聽到周恩來兩次令人不解的發言。

第一次是田中對周恩來說：「現在赤坂離宮正在改建，將來要當作迎賓館。改建完成之後，請周總理務必要當第一位光臨的嘉賓。」周恩來笑著說：「謝謝。不過我應該去不了了。」他指著旁邊像林麗韞這樣年輕的隨行人員說：「讓這些年輕人去吧。」就這樣結束了話題。

林麗韞說：「當時我們還不知道周總理染病的事，總覺得『如果日本以國賓身分招待的話，不管周總理多忙都一定會去吧』，所以覺得很不理解。」如周恩來本人所說的，他到最後仍無法實現訪日之行。林麗韞說：「周總理去世之後，應該是一九七九年吧，周夫人鄧穎超率全國人民代表大會代表團出訪日本，便是在赤坂離宮接受日方招待。我也以副團長的身分隨行，當時想起周總理的話，真有無限感慨。」

第二次發言是在日中邦交正常化的不久後，突然冒出來的。簽署完日中共同聲明之後，周恩來吆喝坐在一起的北京外交人員：「去人民大會堂的台灣廳參觀吧！」林麗韞也跟著周恩來一起到了台灣廳。她一邊陪在周恩來的身邊參觀台灣廳，一邊對周恩來說：「周總理，哪一天到台灣來吧，台灣人一定很歡迎的。」周恩來當時溫和但明確地回答：「不，不會有這種機會了。」

「乍聽之下，是有『怎麼會？』的感覺，不過那天也沒有多想。現在想起來，那兩次都是因為周總理覺得自己的病情日益惡化，所以覺得不論是日本或台灣，大概都沒有機會去了。」

有不少人認為，因為周恩來知道自己的病情，所以急著在還有精神的時候，推動日中邦交正常化。事實上，在東京和北京邦交正常化實現之後，他那風中殘燭的生命也因為與以江青為首的四人幫的政治鬥爭，而日漸消磨殆盡。

不過，據林麗韞所說，「在簽署共同聲明之後，前往人民大會堂的台灣廳參觀」，這件事有很深的含意。人民大會堂的各個廳分別用各省的名稱命名。根據林麗韞的描述，周恩來到了台灣廳之後便下達指示：「現在的台灣廳在二樓角落，台灣同胞來要參觀會不方便。房間的中央還有一根大柱子。趕快換個地方。」於是便把浙江廳換成台灣廳了。周恩來的發言和舉止，應該是表示他希望東京和北京的邦交正常化，代表著離台灣問題的解決又更近一步了。

周恩來在九月二十九日參觀台灣廳，同一天，葉劍英發言歡迎台灣同胞訪問祖國，新華社也在北京報導：因為十月一日的國慶日在即，有包含台灣同胞在內的祝賀團將進入北京。他們都曾利用人民大會堂的台灣廳。接著周恩來在十月六日接見台灣同胞，關於日前的日中邦交正常化，尤其是放棄對日戰爭賠償的意義，引用了毛澤東的話，說明這是「不要讓日本人民受苦，而作的判斷」。周恩來對台灣廳的提案，可能也是考量到了這些進展。

進用台灣人口譯的意義

在北京採訪林麗韞時，得知其實有許多台籍翻譯人員，都被進用為中共首腦的口譯。例如：台灣的台南市出生、在兵庫縣蘆屋市長大的郭平坦，以及台灣籍、神戶市出生的陳月霞，兩人都曾擔任周恩來的口譯，會出現在日本人賓客面前。同樣也是台灣籍、神戶市出生的陳兆華，則當過鄧小平和江澤民的日語口譯。除此之外，呂招治（基隆人，在神戶長大）、陳瑞華（台北人，於神戶出生）、徐宏子（台北人）、陳蕙娟（高雄人，陳文彬的長女）等人，也都曾為大陸方面的重要人士擔任口譯。

這些台籍翻譯人才受到拔擢，直接的理由是他們流利的日語，水準和以日語為母語的人一樣。而同時，以台籍人士擔任中共首腦的口譯，也具有高度的政治意涵，亦即北京政府要表示「台灣是中國的一部分」，要依這個原則解決台灣的問題。東京和北京的邦交正常化的過程中，台灣問題是最大的爭議點，因此在日中談判中，起用台灣人林麗韞作為主要口譯，這當然是要向日本方面展示中共對台灣的立場。

在本章的一開始也提到，周恩來曾經提及「台灣出生、在神戶長大」的林麗韞的經歷。國家元首會以口譯個人的經歷作為會談的話題，這是十分少見的。應該是周恩來想要藉著介紹她的經歷，向日本客人暗示中共對台灣的立場，除此之外，也希望一舉拉近日中雙方的距離。

其實，在田中訪中時，林麗韞的經歷和關西腔日語就曾在日本記者團中造成話題。九月二十九日的《讀賣新聞》便報導了林麗韞的存在：「二十五日晚上在北京人民大會堂所舉辦的晚宴中，周總理的發言被翻譯成流暢、而略帶關西腔的日語，迴盪在會場中。」並介紹她「在台灣出生，在神戶長大。畢業於北京大學理學院，卻中途轉行」。除了顯示記者對她的存在深感興趣之外，北京方面原應嚴格控管相關人員的個人資料，這也顯示出北京方面有意地洩漏她個人的履歷。

不過，日本與北京政府建交，也就

與中央音樂團共同訪日，後排左起第五人為林麗韞。（林麗韞提供）

是代表要與台灣的中華民國政府斷絕關係。林麗韞等這些在北京政府內部從事對日工作的台灣人，是怎麼看待可說是自己故鄉的台灣要與日本斷絕關係這件事呢？關於這點，北京方面負責外交的人員強調：「所謂的日華斷交是要消滅不正常的日蔣條約，並非意謂著日本與台灣斷絕關係。」包括林麗韞在內，幾位台籍的中共外交官對這個問題都是這樣回答的。如果考慮到他們的立場是希望中國共產黨「解放」台灣，其實這就沒有邏輯上的矛盾了。

針對這個問題，有趣的是日中邦交正常化時，在日本從事台灣獨立運動的黃昭堂是這麼對筆者說的：「日華斷交也就是日蔣關係的斷絕。當時，各處都有支持日

正式訪問日本時穿日式服裝體驗的女性團員，左一為林麗韞。（林麗韞提供）

中建交的文章發表。」中共的台籍外交官和台灣的獨立運動家，兩者對於台灣人的認識應該在政治立場上存在根本的歧異，但是在這個議題上，卻是不謀而合。這個奇妙的一致性，正可以引領我們探索兩岸之間如何在檯面下互通款曲，此點將於後述。

周恩來也聽得懂日文

台灣出身的林麗韞，是何時開始當上中共首腦的口譯呢？她眼裡的毛澤東和周恩來又是怎樣的呢？

提到第一次被任命為周恩來的口譯，林麗韞是這麼說的：「那是我回國的第二年，也就是一九五四年的事，當時接待了一個比較大型的日本青年代表團。我也是青年聯合會的成員，負責招待，不過第一次擔任周總理的口譯，我事前並不知情。活動正在大廳中進行時，周總理來了，客人與周總理都站著說話。翻譯組的領隊跟我說『小林，你上你上』，我就站到周總理身邊開始翻譯。是我一直仰慕的周總理啊，幫他翻譯時覺得很興奮。周總理的話很好懂，講話比較慢，而且也很體諒翻譯，每一個句子都很簡潔。」

周恩來曾經有過短暫的日本留學經驗，他在一九一七年二十歲的時候到日本，在東京神田的東亞高等預備學校學習。林麗韞表示「周總理能聽懂日文」。周恩來在接見日本客人時，一定會有翻譯在旁邊。她站在口譯的位置，能夠觀察周恩來的反應和處理，從很早以前就覺得「周總理連日語相當細微的部分都能夠聽懂」。

「比方說，在中日邦交正常化談判時，講到建交三原則，這時提到萬隆會議的和平共處五原則。我一項一項的翻譯，周總理在旁邊怕我忘記，會在每一句之間小聲地提醒我，第一條是什麼、第二條是什麼。」

中共政府成立之後，周恩來在公開場合就不再說日語了。不過當田中角榮到達北京後，在九月二十五日的第一次首腦會議之前，他對著聚集在人民大會堂大門的日本人記者團，用日語說了「大家好」，讓大家都十分驚訝。

既然日語有一定程度，應該表示對口譯也有高標準的要求吧。

關於這點，林麗韞說：「雖然聽說周總理特別在意口譯的品質好壞，不過在另一方面，他也很費心地讓我們這些口譯能夠翻譯出良好的品質。因為他很注重口譯，所以相對的要求也確實很嚴格。他也曾經對我說『你不講話，我們都是啞巴，所以你的知識面要很廣』。」

周恩來一有機會就會對口譯說：「你們不能只是當翻譯就好了，你們要提升自己，能夠提出自己的看法、作些調查研究。我們外交的決策不是也得調查研究嗎？如果連人家領導人說了什麼話你都搞不清楚，怎麼跟人家進行良好的溝通呢？我們得『求同存異』，如果連人家的『異』在哪兒都不知道，怎麼去求『同』啊。所以對這些領導人的講話，要特別仔細地研究。」

在日中建交的談判之前，曾發生過這樣的事。

「田中首相訪中的前夕，有一些中國國內的媒體對田中首相過去的談話做了很詳細的報導。周總理本來就會每天看各個國家通訊社的報導作為參考消息。我那天剛好在北京飯店接待另一個代表團，所以沒有看到那個報導。之後周總理的辦公室臨時召集大家開會，大家都去了。大家集合之後，周總理指名問我：『小林，今天田中首相的一篇講話，妳怎麼分析？』我就很老實地回答：『我今天一直在北京飯店，沒有人送這個資料給我看，所以我還沒有看。』總理聽了就說：『沒人送給你看，你不會自己想辦法來看嗎？』現在想起來，這其實是一件很基本的事，而他是用這種小事來手把手的教育我們。周總理不僅會問老資格同事的意見，連我這個年輕的小翻譯，他都會注意到。」

追憶充滿關懷和關照的「人民的宰相」

許多人都認同周恩來的為人十分體貼，對人十分關照，林麗韞也說自己很受周恩來的人格啟發。他在接待外賓時的體貼，總是讓人十分難忘。尤其是歡迎淺沼稻次郎夫人時，那時的事情到現在還讓林麗韞覺得是十分難忘的教訓。

「我有一次受到周總理的批評。在日本社會黨的淺沼稻次郎委員長去世十週年時，他的遺孀到北京來訪問，周恩來總理要在人民大會堂接見她。當時周總理在大會堂等淺沼夫人到來。那一天很冷，總理問我說：『小林，妳想淺沼夫人會穿什麼衣服來呢？』剛好，那天我在北京飯店和淺沼夫人會面過，她那時穿著平常日本女性在冬天會穿的類似喇叭褲的褲子和上衣，所以我就說：『今天我看到她時，是穿著婦女的喇叭褲。像今天這麼冷的天氣，應該不至於穿著日本和服那麼不好穿的衣服來吧。』」

周恩來聽了林麗韞的話之後，就在人民大會堂的北門迎接淺沼夫人。北門日曬雨淋的，如果太冷的話，可能就會換到地下停車場去歡迎她了，周恩來是根據林麗韞的報告才做出這個判斷的。

但是，時間一到，出現在人民大會堂北門的淺沼夫人，卻是完全按照日本的禮節，穿著和服盛裝而來。周恩來看到之後臉色大變。

「日本的和服是不好邁步的，只能小步小步地慢慢走。淺沼夫人頂著寒風，沿著人民大會堂北門的台階一步一步往上邁。周總理看到這個景象，回頭把我批評了一下：『小林，看妳那個主觀主義！』然後馬上交代警衛，讓淺沼夫人的車在地下室等，讓她回去時從地下室走。這件事情我到現在都還覺得很慚愧。」

淺沼稻次郎在一九五九年訪中時，曾經表示「台灣是中國的一部分，沖繩是日本的一部分。但卻都因為美國帝國主義的緣故，讓這兩地與自己的母國分離。美國帝國主義是日中兩國人民共同的敵人。」所以日本右派認為「淺沼是中共的打手」，對他深惡痛絕。隔年十月，淺沼在東京都內演講時，在講台上被右翼青年刺殺身亡，因此周恩來在接待淺沼夫人時特別用心。

日中邦交正常化後約經過三年三個多月，周恩來亡故。林麗韞也悲傷得無以復加。「非常悲傷，跟自己的父母親過世一樣。哭了好幾天，瘦了兩公斤。有許多民眾前來弔唁，所以我們輪流值班守靈，外面裡面都哭成一團。值班結束，回家也還繼續

與同僚不拘禮節坐在一起的周恩來。右起第二位為林麗韞。（林麗韞提供）

哭。」

舉國追悼周恩來的氣氛轉化成許多民眾對四人幫的不滿，在該年四月的清明節，便爆發了第一次天安門事件「四五運動」。

聽不懂毛澤東的湖南腔

在一九五六年之後，林麗韞也被任命為毛澤東的口譯。她幫毛澤東翻譯的機會不如周恩來頻繁，所以對毛澤東的回憶也不算太多。不過，她在中南海初次擔任毛澤東的口譯時，所受到的衝擊到現在都還記憶猶新。

「第一次給毛主席當翻譯的時候，毛主席的湖南腔太重，我聽不太懂，腦子裡一下就一片空白。心裡著急，就更聽不懂。畢竟當時我才二十四歲，也沒什麼經驗。旁邊的廖承志大概是看不下去了，就說『我來幫你翻吧』，變成是他幫我翻譯。」林麗韞便在一旁愣愣的聽著廖承志翻譯。

會談結束之後，在待客的房間裡設宴。毛澤東在席間對林麗韞說：「小姑娘，不要緊張，吃點東西吧。」並自己拿了些食物分給林麗韞。林麗韞對這件事十分感激。

「毛主席大概是為了要鼓勵翻譯得不太好的我，所以才分了一些食物給我。那時候，我對於我們的領導者都是這麼充滿人情味、包容力的人物，心中充滿感激。」

雖然第一次口譯就因為毛澤東的湖南腔而吃足了苦頭，但林麗韞之後還是被任命為毛澤東的口譯。

「後來我也比較習慣湖南腔了。其實靜下來仔細聽的話，毛主席的話並不難懂。當初主要是因為心裡著急。毛主席的話邏輯性很強，一句一句都很好記。」

如她所說，毛澤東的中國話湖南腔很重，即使同是中國人，其他省分的人都感到不太好懂，讓口譯吃足苦頭。

而有人說，在毛、田中晤談之前，「北京方面認為應該要讓王效賢、林麗韞習慣毛澤東的湖南腔，所以當毛澤東和周恩來晤談時，也讓他們在場」。確實，在田中與毛會晤之前，北京方面的口譯已到過毛澤東的官邸了。

「在兩人會晤的前一天還是再前一天，我已經不太記得了，大概是在晚上七、八點時，我們與周總理一起前往毛主席的宅邸，報告與日本談判的進展。」

如同林麗韞所說的，在田中到達北京的二十五日，和隔天的二十六日，周恩來都與口譯一起前往毛澤東的官邸，報告日中談判的狀況。林麗韞描述當天的情形是：

「我們被引進毛主席的書房，也就是後來毛主席與田中首相會晤的地方。毛主席穿著長袍，就像在陳毅副總理的葬禮上所穿的那樣，正在讀書，張玉鳳則為我們倒了茶。

報告的時間其實並不久。」

張玉鳳是負責毛澤東起居生活的祕書，也有人說她是「毛澤東的情婦」，張玉鳳對這個傳聞表達了強烈的抗議。而周恩來為什麼要帶日語口譯一起到毛澤東的官邸，林麗韞認為「大概是因為如果毛主席問起來的話，要叫在談判會場的口譯加以說明吧」。

讓林麗韞印象最深刻的，是毛澤東桌邊小几上的梨。與張玉鳳交談的時候，她的眼睛剛好瞟到看起來很好吃的梨。

「毛主席應該是注意到我的視線了吧。他說『這個很好吃，拿去吃吧』，就把梨給了我。」

從林麗韞的話中，可以感受到一股家常舒適的氣氛。

不是如傳聞所說的，「為了讓口譯習慣毛澤東的口音」嗎？對於這個問題，林麗韞側著頭說：

「在與田中首相會晤之前，我已經擔任毛主席的口譯無數次了，對毛主席的湖南腔已經十分習慣了。對於不習慣的人來說，毛主席的口音確實十分難懂，如果在會晤前才臨時抱佛腳，這樣的訓練應該是來不及的。」

附帶一提，在歷任台海兩岸的領導人中，可以說，幾乎沒有人會說現在所謂的「標準國語」。關於這點，像馬英九或習近平這些新世代的政治人物，所說的中文就很容易聽懂。這些戰後的世代，他們從出生開始所受的教育，就是要能說某種程度的標準中文，台灣海峽的兩岸以後將迎向的時代，就是要由這個世代來推動了。

為國家主席劉少奇（右）與日本共產黨代表團的會談擔任口譯的林麗韞。（林麗韞提供）

第二章

林金莖——見證日華斷交的台籍外交官

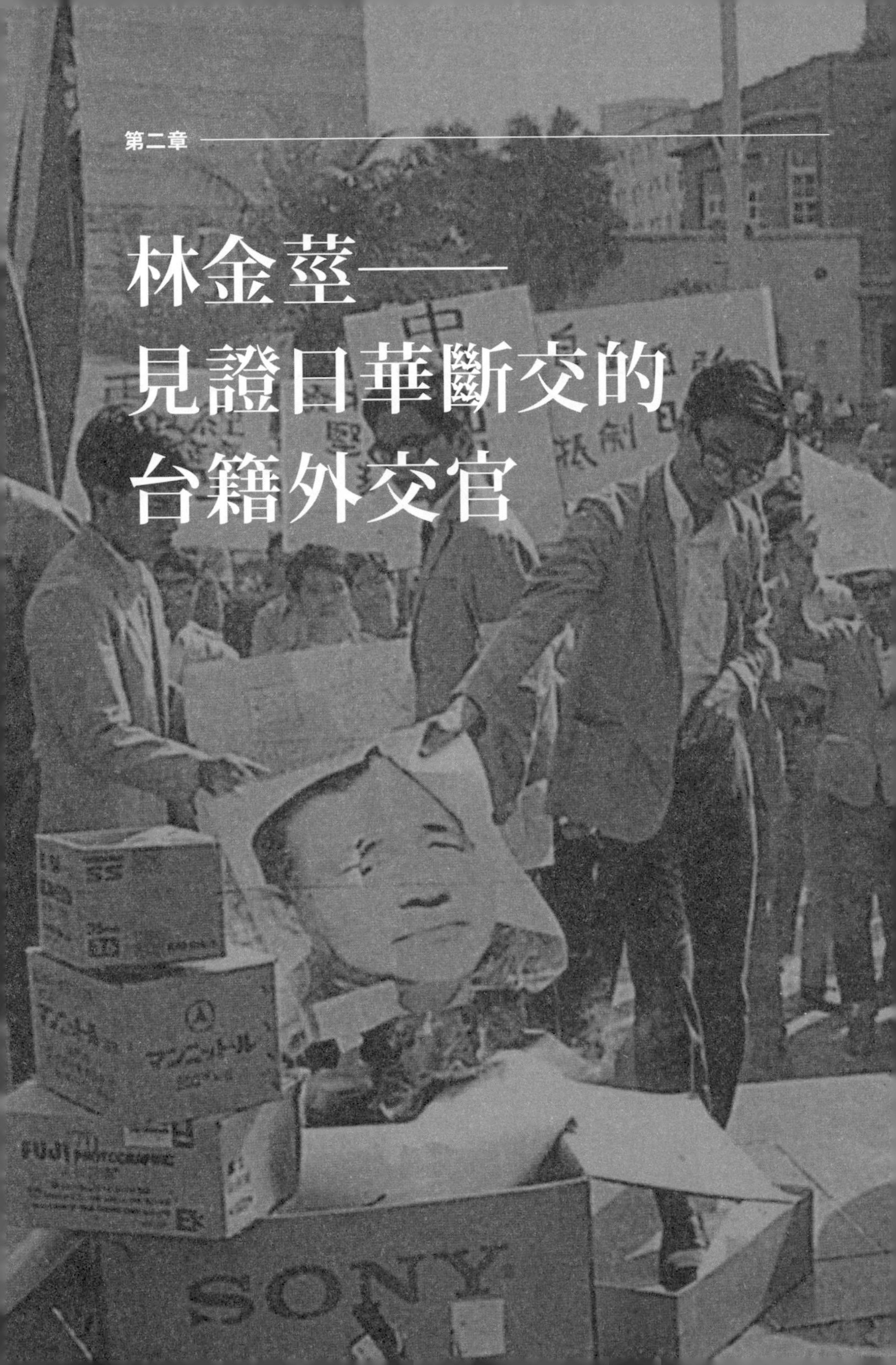

「斷交的前一天晚上，我在等一通電話」

台灣人口譯林麗韞在北京參與日中邦交正常化這段歷史性的過程時，另一位台灣人外交官，則在東京見證了日本與中華民國的外交關係畫上句點。

如果說日中邦交正常化是站在「光」的下面，那麼，日華斷交就屬於「陰影」的部分。相較於東京和北京都對邦交正常化過程留下了詳細的紀錄，東京和台北經歷了斷交這麼重大的事件，兩方面留下的紀錄卻都非常少。這固然反映出當時東京方面所關心的焦點和天平偏向的一方，同時台北方面因為斷交的過程受了重創，似乎不太敢直接面對斷交的殘酷事實，也沒有心情留下有系統的紀錄。

「我是在大正十二年，也就是中華民國十二年、西元一九二三年的七月十八日出生在現在的台南縣佳里鎮。我是個鄉下長大的孩子。」林金莖這麼形容自己。他是唯一一位在東京目睹日華斷交的台籍外交官。在一九七二年九月二十八日的夜裡，他接到外務省高級官員的一通電話，於是這齣日華斷交的劇碼就以駐日中華民國大使館為舞台，一下就走到了結局。

「九月二十八日的晚上，我在東京的官邸等電話。大概是在晚上九點的時候吧，外務省事務次官法眼晉作打電話給我，說：『明天早上九點，可以和彭孟緝大使一起來一趟外務省嗎？有重要的事。』我那時候就覺得『啊，終於還是走到斷交這一步了。』於是馬上打電話給鈕乃聖公使，向他轉達法眼審議官的話。」

在發生斷交的一九七二年九月，林金莖是駐日中華民國大使的政務參事官，距離筆者對他的採訪時，已事隔三十多年，但他依然對日華斷交前一晚的事如歷歷在目。

在九月二十八日的夜晚，田中和周恩來之間的第四輪首腦會談圓滿結束，而前一天晚間田中角榮與毛澤東也已順利會晤，日中邦交正常化已經進入倒數計時的階段，而位於東京元麻布的中華民國大使館陷入一片愁雲慘霧之中。正在大使館周圍採訪的台灣記者，也都感到日華兩國似乎在下一刻就要斷交了。

1972年9月18日下午，中國家庭計劃協會理事黃幼蘭（右二）率領該會代表赴日本駐台北大使館提交抗議書，抗議田中內閣媚共、忘義，由參事武藤武（左）接受。（中央社提供）

在當時中央日報東京特派員黃天才的回憶錄中是這麼寫的：

「九月二十八日晚間十時前後，我在家中接到日本外務省次官法眼晉作辦公室的電話，（當時，首相田中及外相大平都在北京訪問，有關日本與中共建交的事，東京就由法眼當家。）法眼次官邀約中國（筆者註：指台灣）記者於九月三十日清早八時在東京帝國飯店四樓『桂之室』進早餐，談今後中日問題。我接到這個電話後，知道北京的談判一定有了重要發展，遂立即打電話給大使館的鈕乃聖公使，把法眼邀約中國記者們早餐的事告訴他，並向他探詢有無其他消息；鈕公使告訴我，法眼次官當晚九時也有電話給大使館政務參事林金莖，請彭大使於二十九日上午九時到外務省，有事『面議』云云。鈕公使在電話中說：情勢已十分嚴重了，大家心裡應該有所準備。」

在二十八日晚上十一點，日本各電視台馬上以新聞快報的方式，報導「日中共同聲明將於日本時間二十九日早上十一時發表」。台灣各媒體派駐東京的特派員也都將這個重大新聞傳回台北，嚴陣以待明天即將到來的重大新局面。

二十九日天一亮，中華民國大使館的職員就都已一早聚集在大使館。駐日大使彭孟緝隨同林金莖等人，一同前往外務省。

「早上九點，彭孟緝大使、鈕乃聖公使和我，三個人一起搭著大使的公務車到外務省。下車之後，秋雨漸漸大了起來，公務車的車頭插著的中華民國國旗，也被雨淋濕了。我們三人看著淋濕的國旗，心裡一邊沉重地想著『中華民國和日本的關係也就要結束了』，一邊走向外務省。三人在車內都靜默無語。我只記得彭大使問了我一句：『昨晚有睡嗎？』我回道：『沒有，怎麼都睡不著』，於是大使的臉上似乎出現苦笑的表情，什麼都沒說，輕輕的嘆了一口氣。」

法眼晉作次官在外務省等待三人前來。彭孟緝和法眼的對話是由林金莖翻譯的。他對於日本方面的「斷交通告」是這麼描述的。

「法眼次官在字斟句酌之後告知我們：『今天待會兒，很快地就會在北京發表共同聲明，日本政府將承認中共。請各位到這兒

林金莖攝於東京外務省前（1996年4月7日）。（林金莖提供）

來就是為了這件事。』接著又一口氣說道：『台北政府和北京政府雙方都堅持只有一個中國，因此既然日本已經決定和中共之間建立外交關係，以日本政府的立場，雖然甚感遺憾，但也無法再維持日華之間的外交關係，望貴方理解。』聽完之後，彭孟緝大使單刀直入的詢問日方『是否要斷交』。而法眼次官的回答是：『儘管我們不想使用這種說法，但這可說是改變承認邦交的對象。若是貴國——他們當時的用語是台灣——希望的話，日本可以與台灣維持政治之外的經濟、貿易、文化、體育等其他各方面的關係。』」

法眼晉作向台北政府方面說明日中共同聲明的內容，而彭孟緝則詢問日方要如何處理《日華平和條約》。台北政府方面也問了要召回大使的時程，法眼則只回答：「其他未決的事務，需要合理的時間進行處理。」直到現在，林金莖都還清楚記得當時雙方的對話。

「彭大使是陸軍大將出身，是什麼都要清清楚楚的性格。聽完法眼的話之後，他便大聲的說：『我知道貴國的意思了。我會盡快向我國政府傳達。不過，日本政府也太豈有此理了。蔣介石總統在戰後對日本採取以德報怨的精神，但是日本竟然以怨報德。我在這裡表達嚴正抗議，請你們自己反省。』」

對於彭孟緝的興師問罪，法眼也只有如下回應。

「這是國家與國家之間的問題，我是遵照田中首相的指示，向各位傳達上述訊息。

對於蔣介石總統在戰後對我們展示『以德報怨』的精神，我們心存感謝。不過中共已經發展成大國，與他們的經濟貿易關係也日益重要，我們不可能全然不加以考慮。我能說的，就只有這些了。」

轉述完法眼當時的話之後，林金莖又小聲地說：「其實那個時候，法眼先生也不好受吧。我在翻譯時聽到他的聲音，和平常不太一樣。」

林金莖形容當時兩人之間瀰漫著一股劍拔弩張的氣氛，讓人覺得喘不過氣來，接著又說：「抗議也抗議了，不過對局勢也不會有什麼影響。談話結束之後，我們落寞地離開了外務省。」

中華民國失去了極為重要的鄰國友邦。在日本戰後的外交上，「斷交」也是前所未有之事。

過於簡化的「斷交通告」

外務省所做的「斷交通告」就這樣結束了。彭孟緝在早上十點前就已經回到大使館，急急忙忙地指示使館人員打電報回台北，向台北傳達外務省的說明。

這時候，彭孟緝向林金莖等隨行人員說了些話。

「在返回大使館的車上，彭大使一副茫然若失的樣子，也不說話，氣氛十分凝重。就在進入大使館的建築物之前，彭大使好像曾告訴我們：『大使館最後、也是最重要的一份工作即將開始了。雖然很辛苦，不過大家不可以喪氣，要好好地做！』當時大使的臉色好像很不好，但可能是我也很沮喪吧，當時彭大使所說的話和表情，現在竟然完全想不起來了。」

彭孟緝向林金莖和鈕乃聖交代完之後，突然改變方向，一邊一一向周圍的人交代事情，一邊疾步向辦公室走去。

「現在想起來，彭大使應該是為了甩開自己的悲傷，所以一再激勵其他人，並且顯出一副更忙的樣子。彭大使曾在日本的步兵學校就讀，他對日本有很深的感

於斷交前夜，林金莖（左一）與駐日大使彭孟緝（中）攝於中華民國駐日大使館。（林金莖提供）

情，應該超過我們的想像。他也有許多日本人朋友。同樣曾在日本留學的蔣介石總統和張群先生應該也是如此。」

二二八事件時，彭孟緝是高雄要塞司令部的司令，年紀較長的台灣人中，對他心懷畏懼或怨恨的人，應該不在少數。像彭孟緝這樣的外省籍軍人，也都超乎一般而言算是「親日」的台灣人的想像，對日本抱有感情，並與日本人往來頻繁，可以想見中華民國政府與日本之間其實有密切的關係。

早上十一點，大使館的電視開始播放北京的實況轉播，使館內立刻籠罩著一片讓人深感鬱悶的沉默。林金莖形容當時「即使使館同仁互相照面，彼此也都不知道該講什麼。北京的轉播開始不久之後，有幾個人便接到了認識的華僑打來的電話。也有人大聲哭著說：『我們這些中華民國籍的華僑以後怎麼辦呢？越看越不安，連電視都不敢看了。』」

同一天早上在台北，日本駐台北大使宇山厚也前往拜會外交部次長楊西崑，一方面闡明日中共同聲明的內容，並傳達田中首相的訊息：「感謝蔣介石總統在戰後，長期以來對日本表示的友好。」並且告知在共同聲明簽署之後，大平外相所發表的談話將意謂著《日華平和條約》的終結。

大平的談話提到「《日華平和條約》將失去存續的意義，等同於已經終結」，意謂著日本和中華民國的外交關係已正式結束。在發表這番談話之後，大使館外馬上聚集了日本和其他各國的記者，當然也包括台灣的媒體。記者們是為了台北方面的斷交聲明而來的。中午過後、甚至到了接近傍晚時，台北方面都還遲遲未發表斷交聲明。聚集在使館內的記者開始出現了不滿的聲音：「到底什麼時候才要發表斷交聲明呢？這是早可以預期的發展不是嗎？」

在這時候，鈕乃聖苦口婆心地對集結在使館內的台灣媒體記者說：「以前有國家與中共建交，我方就立即宣布斷交時，曾有人批評這是我方所楬櫫的漢賊不兩立原則在作祟。不過，這次的狀況顯示事實並非如此，希望以後不要再出現這種批評了。」而在二十九日早上，外交部指示駐日大使館以非正式的方式，確認日本政府是否當真要與中華民國斷交。鈕乃聖露出不快的表情嘆道：

「外交部似乎還存著一絲希望，認為就算日本與中共建交，也不一定會宣布與我方斷交。如果日方不宣布斷交，好像我方也不打算宣布斷交。我們已經再三說明中共方面的決心已經十分明確了，然而中共與日本展開建交談判的前提條件，便是要與在台北的中華民國政府斷交，外交部也應該都了解了。」

鈕乃聖又說：「我們遵照外交部的指示，今早已請賀屋興宣先生（自民黨右派的眾議院議員，曾任大藏大臣及法務大臣。東京審判中作為甲級戰犯被判終身監禁，一九五八年被赦免出獄）與法眼次官確認此事，得到的只是一個冷酷的答案：『隨著日中邦交正常化，《日華平和條約》已失去存續的意義，雙方的外交關係也隨之中止。』外交部遲遲不發表聲明，可能是因為最後再修正成嚴厲一點的語氣吧。」

美國國務院雖然表示「日中邦交正常化是兩個當事國的問題」，但也正式表明會維持與中華民國政府的外交關係。美國生怕日本的動向會影響其他亞洲各國的判斷，產生滾雪球效應，讓其他亞洲各國紛紛與台灣的中華民國政府斷交。

「鑑於日本政府此種罔顧（日華平和）條約義務之背信忘義行為，茲宣布與日本政府斷絕外交關係，且此應由日本政府負其完全責任。」

二十九日深夜，即將跨到三十日的最後時刻，中華民國外交部終於發表了對日斷交聲明。

大使館關閉之日，全體使館職員流淚撤出

重新翻出日中邦交正常化當時的新聞報導，會很驚訝地發現，對另一方當事人台灣的相關報導幾乎是寥寥無幾。對比當時正為日中邦交正常化而舉國沸騰的日本，只有在

報導大陸方面招待田中一行人的歡迎及歡送儀式這類「慶祝報導」之外，才會偶爾像是突然想到似的，出現對台灣的報導，這使得台灣的形象讓人感到格外悲壯。

在田中訪中之後，各報的標題盡是「治安當局戒備反日示威　日本大使館接到恐嚇電話」（產經／九月二十六日）、「台灣／日本大使館　發表聲明時須戒備暴力」（讀賣／九月二十七日）、「當地大使館對日人全力保護／台灣當局指令　為保護日人全面進入戒嚴體制」（讀賣／九月二十九日）等令人不安的字句。斷交之後，新聞也報導台北方面對日本的不滿，例如：「日本製醫藥品遭燒毀　台灣首次反日示

為抗議日中邦交正常化，在台北市中山堂前展開的拒用日本貨運動。
抗議群眾燃燒田中角榮的畫像，並高舉「抵制日貨」、「擺脱日人經濟束縛」等的標語牌。（徐宗懋提供）

威」、「批評日本重現『珍珠港事變』國民黨報如是說」（日經／十月一日）。

不過，筆者曾對知悉當時狀況的台灣居民和僑居台灣的日本人進行訪談，兩者都表示：雖然一般市民都對斷交深感惋惜，但是進行抗議示威遊行的，其實是由當局所動員的團體為主，在實際的生活中，幾乎是令人感到敗興的平靜無波。當時與日本有貿易關係的台灣商人表示：「前年退出聯合國之後，就知道跟日本斷交只是時間問題。當然與日本斷交還是很令人難過，對於日本這種偷偷摸摸的態度也感到很火大，不過我們比較在意的還是航空路線和經濟關係。」當時還是學生的一位男性也回憶道：「我喜歡石原裕次郎和小林旭，當

參加橫濱中華街舉辦的國慶慶祝遊行的林金莖夫妻。（林金莖提供）

時很擔心斷交後是不是就看不到日本電影了。」人民關心的其實都是比較實際面的問題。

對於這種種疑慮，外務省表示若是台灣人想要入境日本，會發給提供來自非邦交國家人民的「渡航證明書」，也就是維持過去許可入境的措施，而對於要從日本到台灣的人，則會發給護照。

而日本的經濟界也已冷靜下來，以大型企業為中心，企業普遍都認為「雖然可能有一時的混亂，不過在經濟面應該不至於斷交」（三井物產）、「不可能馬上撤回分公司，或是停止交易」（三菱商事）。也有企業預測「因為台灣和日本在經濟上有密切的連結，所以（台北政府）應該不會採取強硬措施吧」。如航空路線存續這類尚待解決的問題堆積如山。自從斷交確定之後，除了表達台北情勢很險惡的報導之外，也零零星星出現了別的報導：「居留台灣的日本人大致平靜　向台北電話洽詢　城市一切如常／飛往台北的飛機幾乎沒有乘客」（日經／九月三十日）。

斷交之後大約過了一個月，大使館於十月二十五日降下了中華民國國旗，林金莖說，他到現在都還記得降旗那一瞬間的事。

「全體大使館職員都泣不成聲。我的心裡也充滿了不甘與悲傷，淚流不止。」

因為遵循與日本的協議，在十月二十六日之後，位於元麻布的大使館就再也不曾升起青天白日滿地紅旗。

經過了這段令人感到遺憾的時間之後，還有殘酷的現實等在前面。日華斷交之後，必須面對關閉大使館、設立斷交之後的對口機構等問題。林金莖說：「誰也沒有過斷交的經驗，所以完全不曉得要做什麼事。這就像沒有人有死亡的經驗一樣。在這個國際關係面臨重大變化的歷史時期，擔當大任著實令人感到緊張。」在斷交之後，林金莖還繼續留在東京，負責指揮剩下的各類事務之處理。

斷交這種前所未有的事態，讓過去一直是大使館人員的他感到不知如何是好。

「斷交之後，日本因為受到中共的壓力，決定要我們將現有的大使館、總領事館等所有財產、房屋、土地都交給中共。最後，我們只好在一九七三年一月三十一日，把大使館的九十幾把鑰匙交給交流協會。和日後跟美國斷交的情況相比，美華斷交時，我方在美國國內的資產都受到保護，日本方面的處置實在是很不恰當。」

雖然中華民國政府想和日本方面討論這個問題，不過因為已經沒有外交關係了，日本方面也不願意再與台北有任何牽扯，林金莖描述當時是「連要和日本方面的誰討論這些問題，都不知道」。這時候，駐日大使館的大使和公使的回國時間也都逐一確定了，中華民國政府這邊充滿了焦急和不知如何是好的情緒。林金莖是這麼說的：

「大家都對我們不理不睬，而時間卻是無情地一直流逝，我們只能持續處在不知所措的心情中。彭大使回國述職的時間已經決定了，我也知道自己遲早會被召回。我對阻止斷交無能為力，真是該切腹了。可是，不知道為什麼，最後決定讓我以顧問的身分留在日本，處理剩餘的事務。後來在一九七三年一月二十六日，成立亞東關係協會作為與日本交流的機關，由馬樹禮先生出任代表，兩國關係從此展開了新的實務關係。這之間大概也來回奔走了三個月的時間。」

兩國斷交之後，東京和台北雙方都仍欲維持實際上的關係，所以都急著成立民間的交流對口機構，但是雙方對於名稱卻僵持不下。

「日本方面希望用『日台交流協會』，不過我方無論如何都希望名稱能夠冠上『日華』。日本方面認為『華』這個字帶有中華民國的影子，所以無論如何不想使用，同時也不贊成我方對日機構使用『華』這個字。所以我方後來提出折衷方案，表示既然日本和中華民國都位在亞洲的東部，不如就叫『亞東關係協會』，但日本方面仍然感到猶豫。所以最後既未使用日台，也未使用日華，而是叫做財團法人交流協會。」

從林金莖的回憶中，可以看出台北和日本兩方的態度落差。對於與台北維持關係一事，日本方面的態度相對消極，但台北方面卻是極力想要維持對日關係。

中華民國大使彭孟緝於十一月二十八日回台，而日本大使宇山厚也在三十日歸國，之後於十二月一日，在東京成立財團法人交流協會，由經濟團體聯合會副會長堀越禎三出任會長。接著在隔天十二月二日，於台北成立亞東關係協會，會長則是台糖董事長張研田。日本駐台大使館接著在十二月五日關閉，中華民國駐日大使館也在十二月二十八日熄燈，核發簽證等業務則移交給上述兩協會。從斷交到撤回大使共經過兩個月，到大使館關閉則是三個月，而兩協會的職員幾乎都是大使館時代的職員。從這些現象中，可以看出日華斷交有多麼困難。

因斷交而遭到動搖的華僑社會

「斷交當時，首先出現的緊急課題便是華僑問題」，就如同林金莖所說的，日華斷交後首當其衝的，其實是住在日本的中華民國籍華僑。這時候住在日本的華僑大約有五萬人，其中超過半數，約二萬六千人為中華民國籍。不過在日華斷交的前後，諸如「中華民國籍的華僑會被日本驅逐」、「中共不承認私有財產，所以會遊說日本政府沒收華僑的財產」等不實的傳聞滿天飛，讓中華民國籍的華僑社會充斥著不安。

因此當時產生了三種選項：⑴離開日本，移居台灣；⑵申請中華人民共和國的護照；⑶歸化日本籍。不過，所謂中華民國籍的華僑其實不限於台灣出身的人，也有不少是大陸出身，但是討厭北京的中共政府、支持台北政府的人，或是這類人的後裔。

林金莖為了處理華僑的問題四處奔走，他對於當時華僑社會和中華民國政府的反應，有如下的描述。

「當時在橫濱等地，支持我方的華僑還曾被施暴，可見華僑社會的動盪和混亂其實是超乎預期的，許多人一心想盡快歸化日本籍。我們也都裝作不知道，甚至還暗中協助。」

中華民國政府在九月二十七日「日中共同聲明」發表不久前，暗中通告了承認中華民國籍華僑歸化日本籍的方針，對於駐日大使館也下達了指令：「對於希望歸化的國民，應盡速發給國籍喪失許可證。」在此之前，駐日大使館都要將喪失國籍的申請送到台北的內政部進行文書審查。這樣的話，審查最

擔任中華民國駐日大使館參事官時代的林金莖（左一），在皇居與小坂善太郎（右三）與小淵惠三（右二）等人一起賞花。（林金莖提供）

短也要花兩、三個月。但若依照台北方面的指令，就可以直接在東京處理了。林金莖說明這麼做的理由是：

「『如果來不及的話，說不定會被中共怎麼了』，華僑社會普遍有這種不安的情緒。」再加上也不能眼睜睜看著過去支持中華民國的華僑，被納入中共的影響範圍之下。

最後，有許多華僑排著隊向舊大使館提出申請。

「那時候歸化的人其實不是討厭中華民國，反而是因為怕要變成中共的人，其實是討厭中共。政府也能夠理解他們不得不如此的心情，反而是偏向同情的。」

根據紀錄中內政部戶政司負責人所

1989年，林金莖與駐日代表馬紀壯（左二）、領事何麗珠（右二，何應欽之女）等人。（林金莖提供）

說，斷交使得超過兩萬名華僑喪失了中華民國籍。

儘管駐日大使館已熄燈，目不暇給的忙碌生活仍持續著。林金莖也回憶自己「很常在大使館熬夜待到天明」。

「雖然中華民國大使館已經沒有了，不過代表部一定要確實地運作，讓華僑們能夠安心。所以從一九七二年十二月二十八日到隔年的一月三日下午為止，我完全沒有休假，還搬到東京鐵塔附近的平和堂大樓。在這段期間，忙著把機密文件送回台北，或是當場燒毀。當我在整理佐藤首相正式訪問台北，以及我國政府高層訪問日本，當時雙方的聯絡電報等文件時，不禁有感於時間的無情流逝而淚濕衣襟。」

在大使館的中庭，一整天都可見到燃燒機密文書而冒出的煙。

「再見，東京」：察覺到外交危機的張群

「我在斷交的前一年，也就是一九七一年七月，結束了外交部亞洲局日韓課長的任務，而被派任駐日大使館的政務參事官，第二次前往東京赴任。在七月二十五日時，剛好總統府祕書長張群先生以「中日合作策進會」（日本方面稱「日華協力委員會」）的顧問身分，要前往東京參加會議，他對我說：『要不要一起搭飛機？』於是我們便搭乘

同一班飛機前往東京。」

在前往東京的飛機上，林金莖聽到張群關於對日局勢的分析。「印象中，張群先生是說：『聽說情勢已經很嚴峻了，不過還是得實際去看看、聽取意見，不然無法了解。』他的說法既不樂觀也不悲觀。那天在羽田機場，包括前首相岸信介在內，約有五十位國會議員前來迎接張群先生，雖然對於暫時再會感到十分高興，不過張群先生也感到某種莫名的不安。」

在一九七一年的夏天，日本國內的氣氛和林金莖所熟悉的過去已經大不相同了。「和一九五九年赴任祕書官的時候比起來，我在一九七一年再度前往東京時，那時的感覺簡直是無法言喻的陰鬱。這時候，剛好是季辛吉祕密訪問北京之後，也是盛傳我方在聯合國的代表權岌岌可危的時期。」

當時的台北方面也強烈感受到斷交的危機。林金莖記得在一九七一年的過年前後，曾經見過台北的情資單位對斷交危機所提出的建議書。其中明確寫到因為中蘇關係的惡化，所以推測北京亟欲謀求與日美關係的改善，也一一舉出佐藤政府正在尋找與北京之間的祕密折衝管道，而尼克森則不可信賴。另一方面，對於中華民國政府能夠採取的對策，卻只有寫道「落實復興基地台灣的地方自治」。台北至少在季辛吉訪中的半年前就察覺日華斷交的預兆了，但是卻沒有任何有效的手段，讓人深深感到「中華民國的無力」與「時代的無情」。

林金莖沒有漏掉一起抵達羽田機場時，張群的表情變化。

「張群先生與前來機場迎接的議員們一一握手，過了一會兒，他小聲地告訴我：『這次在日本的工作，大概會是前次無法相比的辛苦，你要加油。』張群先生已經感受到『事態比預期的還要嚴重許多』。果不其然，雖然之後以佐藤首相為首，日本各地都相當歡迎張群先生，但他還是常常把『果然是時候了。很危險。日本和中共又更接近了。』等話掛在嘴邊。」

與張群同行的林金莖，也這麼回憶與大平正芳見面時，令人不安的感覺。

「與大平先生的會晤強烈暗示兩國間的外交已經面臨嚴重危機。張群先生與大

至羽田機場歡迎張群（右三）的岸信介（右一）、石井光次郎（右二）等自民黨重要議員（攝於1971年7月25日）。後方可看到安倍晉太郎（右側戴眼鏡者，安倍晉三之父）及駐日大使彭孟緝（中）。（林金莖提供）

平先生兩人進到房間之後，坐了五分鐘卻都不發一言。主客雙方都不知道該說什麼，連陪同的我也變得不知道該怎麼辦才好。這種尷尬的氣氛持續了一會兒之後，大平先生突然站起來，拿出一個很大的人偶，一邊說『這是紀念品』，一邊交給張群先生，然後像是被誰追趕一樣，急急地走出房間。」

在一旁目睹這件事的林金莖因而強烈感到「邦交正面臨危機」。

在一九七一年的訪日行程中，張群似乎對日本感到很失望。尤其是在回國前一天與佐藤榮作的會晤，讓他對日本的失望到達頂點。在東京採訪張群的中央日報東京特派員黃天才便有如下紀錄。

「八月一日——星期天，岳公[1]訪晤佐藤於首相官邸，密談二小時；此為岳公與佐藤第二次長談，集中於聯合國代表權問題。……佐藤前一天曾和美國駐日大使殷格索[2]長談，佐藤態度顯然已受美國影響。……佐藤表示日本在聯大問題上，只能配合美國決策行

1　張群，字岳軍，故人稱「岳公」。

2　殷格索（Robert S. Ingersoll）於一九七二年四月才就任美國駐日大使，一九七一年時為博格華納公司（BorgWarner）公司的執行長。佐藤內閣此時期的駐日大使為自一九六九年七月任職的梅爾（Armin H. Meyer），他於一九七二年三月卸任。不確定黃天才是否誤植當時美國駐日大使的姓名。

動，因為，在世界外交場合，日本影響力有限，不能不唯美國馬首是瞻。……佐藤力勸我國不要貿然退出聯合國，他以中國伯夷、叔齊的故事，勸我們不要上首陽山。岳公聽後大不以為然，立刻嚴正表示：伯夷、叔齊是消極的，所以餓死在首陽山上，我們是革命的，積極的，即使上了首陽山，也是去打游擊，奮鬥到底，不會餓死的。……岳公告辭時，佐藤特別派人把佐藤夫人請出來，向岳公惜別，岳公登車駛離，佐藤夫妻並立階前揮手相送。……歸途在車上，岳公對佐藤勸我們『不可上首陽山』之說法，仍感氣憤不已……岳公與佐藤二次會談前後之心情，明顯不同。在第二次會談之前，岳公似乎並無不愜意的感

於首相官邸與佐藤榮作（右）會面的張群。張群於1971年夏天訪日，並分別於7月26日與8月1日與佐藤榮作會面，就日華關係與聯合國的中國代表權問題交換意見，但與佐藤的意見不一致後離開東京。（林金莖提供）

觸，也並無此行將為他最後一次訪日的感覺。因為，前此某晚，彭孟緝大使宴請岳公於新宿京王旅社頂層之餐廳，岳公飯後興致甚好，還談到他下次來日本時，擬去四國及鹿兒島，因他來去日本六十年，唯有這兩處地方未去過云云。但在與佐藤作第二次長談後，岳公似乎發覺佐藤並不如蔣公及他本人原所想像的那麼講義氣、重道義。此為岳公離日返國之前一天也。此日午後，岳公一直鬱鬱不樂……第二天清早，在從大使館赴羽田機場的汽車上，岳公與隨侍人員未交一語，忽然，以極其愴黯的語調，說了兩聲：『おさらば東京！おさらば東京！』（再見，東京！再見，東京！此為名歌手三橋美智也所唱之名曲耶。）……。」

佐藤榮作在八月一日的日記中寫道：「約好的張群先生在九點到來。與他商議聯合國對策，告知中共加入聯合國已是勢不可當，不過對方似乎絕不同意中共出任安全理事會的常任理事國。安慰了一下之後就道別了。並以此事和梅爾大使聯絡，請求美國政府妥善處理此事。」似乎看不出佐藤有感受到張群的憤怒和失望。一九七一年秋天，聯合國召開大會，日華兩國的想法已漸行漸遠。張群依然舊調重彈，一直強調「中共的威脅」，但佐藤政府的相關人員對此已不再感到共鳴了。

張群在中華民國政府中幾乎是負責全部的對日政策。林金莖也從實際的經驗中，認同這一點。

「政府的對日政策完全是聽從蔣介石總統與張群先生兩人的判斷。有時也會根據議題，聽取何應欽將軍和企業界、文化界人士的意見。不過在對日關係事務上，張群先生比外交部長更具有決定權，他的意見幾乎百分之百被採用。就算是外交部長沈昌煥先生，只要碰到對日關係，也是言必稱『岳公的意見』。」

對「精神分裂的美國」震怒的蔣介石

聯合國的官方立場稱「至今為止，從來沒有自行退出聯合國的國家」（出自聯合國資訊中心〔United Nations Information Centre〕的官方網站）。中國的代表權從台北政府轉移給北京政府，這個解釋表示「中國並未退出聯合國」。不過，在紐約召開的第二十六屆聯合國大會中，阿爾巴尼亞提案要「承認中共，排除國府」。而就在一九七一年十月二十五日表決此案之前，身為聯合國創始會員國之一的中華民國代表團，卻發表宣言退出聯合國。

在台灣，以台灣獨立派為主的某些人埋怨「是因為蔣介石堅持『漢賊不兩立』，才使得台灣失去了聯合國席次」。不過，當時的外交官在最近證實，其實在一九七一年表決之前，蔣介石的態度已經轉變為默許「複合雙重代表制」，亦即由北京取得安全理事會常任理事國的席次，但是中華民國仍以會員國的身分留在聯合國。

一九七一年時，擔任外交部國際組織司副司長的房金炎曾提到：「當時，我們送了兩份通告給駐外使館。第一份的內容與往常一樣，都是要對阿爾巴尼亞的提案『正面迎擊』。第二份則是在美國提出複合雙重代表制案之後，才急急忙忙發出的，內容是『我方反對美國政府的複合雙重代表制，但交由友邦自行決定是否贊成。』」而聯合國大會代表團成員之一的陸以正也表示，「在與美國國務院協議之後，方向調整為將透過複合雙重代表制案，繼續留在聯合國中。跟美國的談判進入最終階段時，蔣介石總統也勉強同意了。因此對駐外使

中華民國留日華僑各界，於1971年9月25日在東京舉行示威遊行，反對中共進入聯合國。（中央社提供）

館發出的指示是：『請友邦支持我國的席次，並反對阿爾巴尼亞的提案。但若友邦支持美國所提的複合雙重代表制，我國也表示理解。』」另一位代表團成員錢復也表示，「在七月二十五日發給沈劍虹駐美大使的電報中，本來是寫『不論任何形式的雙重代表制案，都請發言並投反對票』，不過最後刪除了『投反對票』那幾個字。而這封電報也經蔣公過目了。」然而這些在最後階段的判斷都沒有奏效，房金炎的分析是「因為各駐外使館已經根據第一次通告的內容展開工作了。這種模糊不清的態度，讓阿爾巴尼亞的提案最後通過了」。

默認「複合雙重代表制案」的指示，也曾傳達給駐日大使館的林金莖等人。林金莖認為「蔣總統並未放棄『中華民國是代表中國的唯一合法政府』這個主張，但其實還是要以現實的判斷為優先。在最後一次的聯合國大會傳達要默認複合雙重代表制的方針，其實也不令人感到意外」。林金莖說直到要表決阿爾巴尼亞的提案之前，中華民國政府代表團都無法下定決心要退出聯合國，也可看出蔣介石對「複合雙重代表制案」其實存有一線希望，他接著又說：

「確定退出聯合國之後，蔣總統透過我方的聯合國代表團，向日本的聯合國首席代表愛知揆一拍去電報。電文內容是『感謝日本對中華民國的支持，並為了實現複合雙重代表制而各方奔走，對於日本的善意和努力，致上感謝之意。』當周書楷主席宣布退出聯合國，我方代表團在支持中共的各國代表無情的倒彩聲中離開議場時，愛知先生離開自己的位置，追上周外交部長，把手搭在他的右肩上，與周部長握手，並且一路目送退場的中華民國代表團離開。如果蔣總統反對複合雙重代表制的話，就不會有這些互動了。不過，就算我方接受雙重代表制案，只要中共反對，我方留在聯合國的可能性應該也是零。」

接著又以極為憤恨的表情說道：

「尼克森訪中等一連串美共親善的舉動，對聯合國的表決結果絕對有影響。但是美國還是在聯合國大會的會場中，為支持中華民國而奔走。我方只有被耍得團團轉。蔣總統面對季辛吉和尼克森的舉動，也認為『美國有精神分裂』，因而十分震

尼克森於1972年2月下旬出訪中國大陸，並登上長城。（Keystone-France/Getty Images提供）

怒，對美國也充滿強烈的不信任感。」

關於這點，當事者季辛吉在首次訪問北京的感想中，也承認他「對沈（劍虹）大使所扮演的角色尤其痛苦，因為我知道他對聯合國程序策略的機密討論，不久將為更重大的事件所取代」。

佐藤下台、田中上任，陷入絕望的駐日大使館

「不客氣地說，戰後的日華關係可以說一直被美國掌控於股掌之上。日華關係也就是美日關係，同時也等於中美關係[3]。」

這是林金莖在無意中說出的話。

「究其根源，其實美國一直擺盪在台北和北京之間。而戰後一直和美國站在同一陣線的日本政府，也不可能和美國選擇不同的路。但是，從吉田茂首相的時代開始，大家就知道其實日本想和大陸建交，我方對於這件事也心知肚明。結果，戰後日本的對中外交，在台北和北京之間擺盪了二十年。」

他一一列舉出當時日華之間的懸案——周鴻慶事件、倉敷人造絲的事後付款輸出問題、長崎國旗事件等，然後接著說：

「戰後的日華關係，始終因為中共的策動和日美政府的政策更迭而擺盪，從未穩定下來。以飛機來比喻，就像始終在亂流中飄搖。每搖擺一次，我方就有更多犧牲，體力也會益發減弱。現在回想起來，我方在一九七二年時，精力和體力就已經到達極限了。」

繼尼克森決定訪中之後，聯合國的中國代表權也發生變動，這讓主張日中邦交正常化的勢力更如虎添翼。雖然佐藤內閣在表面上採取親中華民國的路線，但是周圍的人也正式展開與北京的接觸——例如自民黨幹事保利茂寫給周恩來的書信「保利書簡」便是一例。察知此動向的台北方面也充滿憂慮。而在一九七二年六月、七月中旬時，佐藤內閣也畫下了句點。

佐藤這位親台派高層的退位，使台北方面益發不安。

「一九七二年時日本國內的氣氛，顯示出佐藤內閣要下台了。尼克森訪中已經實現，從媒體到政界、財界，都充滿一股『絕對不能跟不上時勢』的氣氛。輿論普遍認為連反共的尼克森都和中共和解了，那麼和中國進行了十五年中日戰爭的日本，至少應該比美國早一步承認中共，在保有日本主體性的前提之下，向中共表示誠意。」

3　指中國大陸和美國的關係。

在七月五日的自民黨總裁選舉中，台北寄予厚望的福田赳夫敗給田中角榮，確定將由田中組閣。田中於七月七日就任首相，林金莖對那天是這麼回憶的：「那一天，我在大使館的參事官室發出悲嘆：『已經完了。』七月七日是發生盧溝橋事變的日子，對於日華關係而言，是個不吉利的日子。偏偏在那天，由一個會讓戰後日華關係發生劇變的人上任日本總理大臣，總讓人覺得很晦氣。」

中華民國政府對於田中內閣的組成也充滿危機感，於是指示駐日大使館要加強遊說工作。

「彭孟緝大使說『總之就盡力遊說吧』，於是就精力十足地周旋於自民黨的政治家之間。我也一塊兒同行，而遊說的理由是若承認中共，會對日本的安全造成威脅。不過自民黨的議員們都表示美國也還不承認北京，所以不必擔心。但是，當時通商產業大臣中曾根康弘聯合四個派系支持田中總理的理由，就是因為田中支持與中共建交，所以一旦田中內閣成立之後，絕對不可能將四派聯合支持的基本精神置諸腦後。我們還不能大意。」

如林金莖所說，「台北的外交部時不時就會來問『中共方面有什麼動向』，我們也會盡量觀察在惠比壽的中共事務所的動態。」位於東京惠比壽的北京聯絡事務所有何動向，中華民國的駐日大使館都很仔細地注意著。

「一九七一年時，就在我上任之後不久，我就知道了過去與我方較為親密的議員和企業家等，都陸續地與惠比壽方面有頻繁的接觸，所以我們也無法放心。當時的日本國內與中共之間，也有新聞記者交換協定，所以一般都知道不可以報導對中華民國有利的內容、不可以把中華民國當國家看待。光是看看新聞或翻翻雜誌，就會看到對中共表達善意、誇誇其談的報導，常會覺得心情鬱悶。」

張群對周恩來的評論、彼此知之甚詳的國共首腦

在確定田中即將訪中之後，包括駐日大使彭孟緝在內，中華民國大使館的人員都還在繼續遊說日本。

「真的是十分拚命。但是遊說好像漸漸看不出什麼效果了。『周恩來利用了田中躁進蠻幹的性格，以及對中國問題的無知』，彭大使對於這件事也感到十分懊惱。」

一九七二年夏天之後，日中邦交正常化已是勢不可當，中華民國政府也相繼對日本執政黨發出警告。不僅行政院長蔣經國和外交部長沈昌煥屢次對日本政府提出警告：「所謂的『邦交正常化』是共匪的陰謀」，也透過各種管道，傳達「反對日匪結盟」的意思。但是，台北方面的遊說最後仍然無法扭轉日本國內要求日中邦交正常化的趨勢。

尤其是東京和北京的談判由周恩來坐陣指揮，台北政府首腦對於這件事特別警戒。林金莖的回憶中也提到張群對周恩來的評價。

「張群先生在一九七一年訪日時，說過『周恩來和他那溫和的外表不同，其實不好對付。表面看起來可能很好講話，但是在原則方面是絕對不會讓步的。結果一定是日本被周恩來牽著鼻子走。』事實證明，後來也的確如此。」

台北政府的首腦，如張群等人，由國共合作的經驗中，深知周恩來的談判手段。其實，由周恩來坐鎮指揮，負責北京方面的對日工作之後，就一直發生讓台北政府扼腕切齒的事情。

而在另一方面，於一九七二年九月二

1946年1月7日美國特使馬歇爾與張治中、周恩來組成三人小組，在重慶會談國共雙方的軍事整編及停戰問題。左起為國民政府代表張群、美方代表馬歇爾、共產黨代表周恩來。張群與周恩來在國共合作的經驗中，對彼此的外交談判手段知之甚詳。（中央社提供）

十八日的第四次日中首腦會談中，周恩來也對田中與大平評論台北的領導階層。

「蔣介石身體不好，而何應欽、張群都很好對付。這兩個人是見風轉舵的人。谷正綱也是只出一張嘴的人，其實沒有什麼實力。張群是四川人，何應欽和谷正綱是貴州人。不過，蔣家父子不太信任他們，因為害怕權力會被他們奪去。而沈昌煥不是會走極端的人。主要的問題是蔣經國。蔣經國是會耍小花招的人，蔣介石還比較大器。蔣介石不會把軍隊交給任何人。蔣介石之所以不肯去美國，也不肯去日本，是因為不想重蹈吳廷琰和李承晚的覆轍。蔣經國與黃埔軍官學校出身的人的關係不好，這是他的弱點。彭孟緝駐日大使也是黃埔軍官學校出身，因此彭應該不想回台灣。蔣經國只接受陳大慶，而排斥其他黃埔軍官學校出身的人。」

在這次會談的一開始，周恩來就說「我在一九二四年認識蔣介石。與國民黨合作過兩次，也交戰過兩次。五十歲以上的國民黨、政府要員，我都十分熟悉。」可見他對台北政府首腦的觀察十分仔細。

除此之外，當田中在第一次首腦會談中，問起「蔣介石是怎樣的人」時，周恩來立即回答：「蔣介石是一位值得對全世界誇耀的中國人代表。在整個第二次世界大戰中，只有蔣介石沒有把一國的統帥權委任給聯合國。」周恩來曾經當過黃埔軍官學校的政治部主任，而那時的校長就是蔣介石。

說起來，周恩來對蔣經國的評論可能切中了要害。蔣經國晚年的路線轉向「中華民國的台灣化」，而這個路線極可能導致台灣分離主義思維的強化。其實蔣經國在莫斯科留學的時候，是一位很景仰托洛茨基（Leon Trotsky）的蘇維埃共產黨員。因為有這種經歷，所以他的政治手法，也有許多地方和共產主義者很像。對於共產黨而言，蔣經國了解他們最核心的手法和思考方式，所以是難纏的對手。周恩來還根據他對當時台灣的認識，道破了以下事實：「台灣如果想順利走下去，有兩件事一定要仰仗外國。第一件是軍事援助，這要靠美國。還有一件就是貿易，這是由嚴家淦負責的。台灣經濟如果沒有貿易，是活不下去的，如果沒有借款的話，五十萬的軍隊也無法維持。而從大陸過來的兩、三百萬移民，他們和台灣人的關係也是問題。台灣有這些弱點。所以說，台灣的那些傢伙可以引起小風波，但是不可能成大事。所以說這是小手段。」

田中內閣上台之後，自民黨內部的親中共派和親台灣派也愈發對立。當七月二十四日「日中國交正常化協議會」召開第一次集會時，是由田中所指名的前任外相小坂善太郎擔任會長。從以下林金莖的談話中，可以看出台北方面只能被動地接受日中邦交正常化的趨勢，和當時所流露出的苦惱。

「大致上可以掌握自民黨內部的動向。在八月之後，中共的攻勢益發猛烈。我們也是只有嘴上不說，其實已經知道日本和中共有連結，也不可能再一直反對到底。重要的是日本怎麼維持和我方的關係。但是，中共方面好幾次表示若要進行邦交正常化的交涉，和台北政府斷交是前提條件，日本方面也漸漸傾向接受這件事。在八月下旬，外務省慢慢透露出有『一舉復交案』和『兩階段建交案』兩個方案，駐日大使館職員之間也漸漸出現了動搖。」

仔細分析當時的日本輿論，雖然要求日中邦交正常化的聲浪很高，但是要立刻與台北斷絕關係、與北京「復交」（不只是與北京政府建立邦交，還將北京政府視為正統的中國政府而要恢復邦交），又是另一回事了。

例如：每日新聞在一九七二年五月所做的民意調查中，認為「日中邦交正常化不應操之過急」的占百分之五十五，「應慎重」的占百分之六，認為「應盡快」的則占百分之二十七。而在同年七月由NHK所做的調查中，反對「按照北京的條件進行邦交正常化」的有八一〇人，贊成的有三四六人，而對於「與台灣斷交」，反對的有八四四人，贊成的是一五二人。即使在希望日中邦交正常化的趨勢中，仍然是以早期邦交應慎重，並要求與台灣維持關係的聲音占多數。

自民黨的「日中國交正常化協議會」在九月八日召開大會，會中決定了日中邦交正常化的基本方針。決議的序文中表示「特別鑑於我國和中華民國的長久關係，因仍希望保持舊有關係，因此在充分考慮之後，認為應進行談判」。這裡所謂的「舊有關係」要如何解釋，親台灣派認為應包含外交關係，而親中共派則認為雖然指所有關係，但外交關係應除外；兩派之間引發激烈的交鋒，而這個模稜兩可的解釋，在不久之後就引發了重大的問題。

被「模稜兩可的解釋」愚弄的椎名特使

因為中共方面的強烈要求，公明黨的竹入義勝便前往北京訪問。周恩來於七月二十九日與竹入會晤，雙方會談時擬定了日中共同聲明的詳細草案。這份資料日後被稱為「竹入備忘錄」，而這份文件讓希望日中邦交正常化能夠速戰速決的田中，更加卯足了勁。

由於田中訪中已經是勢在必行，「派遣特使到台北」便成為箭在弦上的迫切任務。八月時，田中角榮懇請簽訂一九六五年《日韓基本條約》的功臣椎名悅三郎接受「台灣特使」的任務。在八月二十二日自民黨的總務會中，決定由椎名出任副總裁一職。隔天，椎名便與田中會面，接受「台灣特使」的任命。

但是，台北方面直到九月十三日才發表椎名接受任命一事，這已經是椎名接受特使一職三週之後的事了，而且還是在外交部長沈昌煥私下確認他有接受意願之後，又過了四天的事。椎名特使一行人大約是在田中訪中的一週前，確定要於十七日出發，並在十九日傍晚回國。日方已經決定派任特使，但是台北政府在這個時候，還搞不清楚椎名究竟是「說明事情的特使」，還是來「說服斷交的特使」。林金莖回憶道：「椎名先生與我方很親密，不過也不反對與中共建交。大使館內大多數意見認為，之所以任命椎名先生為副總裁，是因為『若要以政府特使的身分派到台北，不能以前任外相這種等級的頭銜，所以給他鍍金，將他任命為副總裁』。」

「聽說椎名先生在前往台北之前，曾經拜會田中總理，問田中先生『與中華民國的外交關係當然可以維持吧？』不過田中卻答以『啊，外交問題全部交給大平了，所以你去問他吧』，給了一個不明確的回覆。不過當椎名先生又拜會大平外相，問他這個問題時，大平先生一直看著時鐘，只是含含糊糊地說著『喔—嗯—』，既不說是，也不說不是。椎名先生覺得再問這群人也不會得到什麼結果，就放棄，直接前往台北了。」

關於這點，大平則有不同的說法。根據大平的回憶錄，他與受任為特使的椎名會晤時，明確地說：「要選擇一邊的話，就要讓另一邊死心。不論是朝鮮半島、德國或是越南，對待分裂的國家也只能如此了。」

椎名訪台的新聞發表之後，包括ＮＨＫ和全國性、地方性的各大報等十一家媒體，皆申請要隨行採訪。不過，最後真正同行的，只有《每日》、《產經》、《共同通信》，以及椎名的故鄉岩手縣的地方報《岩手日報》而已。《讀賣》和《朝日》在事前向北京政府的駐日備忘錄事務所提出要隨訪台灣進行取材時，被告知「十一個媒體算很多了。媒體有報導的自由，不過隨行前往台灣的人以後要在北京採訪，也許就會面臨些困難了吧。」這一語道出了其實各大報社因為心生恐懼而未隨行。

到達台北的松山機場後，椎名特使一行人的車隊被數百名抗議群眾包圍。抗議群眾中也有事先抵達台北的日本右翼團體。群眾向車隊丟雞蛋和石頭，舉著「如果是斷交通知的話，馬上回去！」「椎名滾回去！」的

民眾於1972年9月17日，在松山機場向準備離台返日的日本特使椎名悅三郎示威抗議。（中央社提供）

標語。抗議的怒吼漫天叫囂，椎名一行人像逃命似的前往落腳處。

在台灣的三天中，椎名都未能與蔣介石會晤，全程由副總統嚴家淦出面。除了嚴家淦之外，也曾與行政院長蔣經國、外交部長沈昌煥、張群、中華經濟文化協會會長何應欽會面，但不管與誰會見，對方都是毫不留情地質問田中政府的真意。不過椎名也沒有確認過田中的真意，所以只能回答「黨的決議是用『舊有關係』的說法，也就是包含對中華民國的外交關係，會以此為前提與北京談判」。結果，台北方面便廣為宣傳「日本政府表示包括外交關係在內，與中華民國的關係照舊維持」。

林金莖說「何應欽將軍曾問：『椎名先生是否感覺邦交仍會維持』，而椎名先生順口就回答『是的』。因為這樣，台北方面對日強硬論的聲音轉弱了。當時，中華民國其實曾逮捕日本的漁船，日本的親台灣派也因此期待『這樣田中也就不敢輕舉妄動了』。但是因為整體氣氛是希望相信椎名先生的話，所以不久之後就將漁船釋放了。」

林金莖所說的逮捕漁船事件是指在九月二十六日下午，有一艘高知縣室戶的捕鮪魚漁船「寶潮丸」號在南海的新南群島附近航行時，遭到中華民國警備隊的示警射擊，「寶潮丸」在逃走時被警備艇追趕，並遭到逮捕。逮捕「寶潮丸」的隔天，中華民國政府發表：今後的方針為嚴格取締侵犯領海的船隻。船主之間也紛紛傳言「田中的訪中刺激到台北政府，因此祭出此次的強硬措施」，船主們人心惶惶。

關於椎名訪問台北一事，林金莖的看法是：

「我方把最後一絲希望寄託在椎名先生所說的話。結果，椎名先生為中華民國著想的心情，反而結成了仇。如果在那個時候，椎名特使清楚地告訴我們『不，邦交不可能維持了』，我們的對應措施可能就不同了吧。但是對於椎名先生，我現在只有感謝，沒有任何誤解或怨懟。責任不在椎名先生，我認為是事前不表明真意的田中和大平，才應該負起責任。」

而在椎名回國後剛好過了一週之後，九月二十五日，田中角榮前往北京，在二十九日，背棄了簽訂後走過二十寒暑的《日華平和條約》。

摸索斷交後雙方關係的日本與台灣

斷交之後，日本和台灣開始探索雙方在無邦交之後，關係應是如何。在斷交之前，雙方的經濟貿易關係十分緊密，而在斷交之後，也沒有立即斷絕，反而是持續擴張。北京方面也遵守雙方邦交正常化時確認過的合意事項，對於日本和台灣間繼續維持經濟和民間的交流，保持默認。

但是，既然日本和台灣之間已沒有外交關係，雙方的意見溝通也就變得很困難。斷交之後還留在東京的林金莖就強調：「沒有邦交，也就是沒有政治關係，實在是一件很悲慘的事。」

「連打通電話給外務省都不行。我方的人員雖然打了電話給外務省，但是以前講話都很親切的外務省職員卻說：『都已經斷交了，還打電話來做什麼？以後請不要再打來了。』自民黨的親台派議員等人為了促進、維持與中華民國的友好關係，在一九七三年三月十四日成立了『日華關係議員懇談會』。一百五十二位參眾兩院的自民黨議員參加，相當於自民黨兩院議員總數的三分之一以上。我們因為這個懇談會的幫助，才能夠和日本的公家機關互有交流。」該會本來僅為自民黨內的親台政團，但於一九九七年自民黨分裂後，為了開放各黨派的親台派議員加入，改組為跨黨派的議員聯盟，並更名為「日華議員懇談會」。

在中華民國對日本的遊說工作中，日華議員懇談會是一個重要的中介組織。而台北政府從自民黨的親台灣派議員組織開始，也漸漸加深了與民社黨等的關係。

在斷交之後，日本與台灣的交流處處受到北京方面的妨礙。林金莖一直強調北京方面「緊咬著不放，而且妨礙得很徹底」。再加上退出聯合國了，許多國際機關陸續地「承認北京，排除台北」，台灣的孤立一年比一年更加嚴重。在這樣的環境中，從事對日工作的林金莖等人，也只得在確保國際機關席次的戰役中盡力投入。

一九八三年四月底，林金莖擔任副駐日代表時，收到外交部的命令：「立刻前往馬尼拉」。他回憶道：「是為了前往在馬尼拉召開的亞洲開發銀行（Asian Development Bank，縮寫為ＡＤＢ）年會，想辦法安排財政部長俞國華和日本大藏大臣竹下登舉行會談。」

當時駐馬尼拉的副代表曾經擔任過蔣介石的日語口譯。林金莖也曾問過「已經有擅長日文的人在了，為什麼還要我飛到馬尼拉去呢」，台北方面回答：「你和竹下是早稻田的校友，聽說私交也不錯，所以希望你能夠在開會前和竹下見面。這是俞國華部長親自拜託的。」林金莖畢業於台灣大學，並且在早稻田大學取得法學碩士，和政界的早稻田畢業生關係親近。因此林金莖便飛往馬尼拉，想辦法潛入菲律賓總統馬可仕（Ferdinand Marcos）的國宴。

當時竹下登與馬可仕一同坐在主桌。林金莖悄悄地靠近竹下。

「再差一點就可以走到竹下先生的座位時，我被便服的特勤人員制伏。但在被特勤人員制伏時，我拍了拍當時坐著的竹下先生的肩膀。竹下先生也嚇了一跳，說了聲：『啊，你也來了。』特勤人員這也才知道我不是刺客，所以就往後退了。」

當時的菲律賓已是處於馬可仕獨裁體制的末期，也充斥著有人要暗殺馬可仕的傳聞，因此在如此華貴的國宴場合中，依然充滿緊張感。林金莖不繞彎子地對竹下直接說明了來意。

「我對竹下先生說：『我國的俞國華代表為了明天的會議，希望能在今晚與您會晤。』而竹下先生則回以：『請透過駐馬尼拉的日本大使館。我並不清楚自己的行程。』我直接地拜託他：『大使館並未正面回應。但我已經調查過了，在今天下午五點到五點三十分您應該是沒有行程的。』這樣一來竹下先生也不能再推託了吧。他回道：『那我知道了。五點時請到馬尼拉飯店來。』」

林金莖在約定的時間和俞國華一起會晤了竹下，針對預期中的大陸加入問題交換意見。台灣方面委託竹下「對於中共要

林金莖（右一）與駐日代表馬紀壯（左三）訪問竹下登（右二）。（林金莖提供）

加入的提案，請發言建議成立特別委員會，由特別委員會進行考量」。用意是希望讓大會對特別委員會案進行討論，盡量拖延時間。而竹下斷然拒絕了這個要求。

「我很驚訝。對於竹下先生不肯幫忙，我也感到很失望。俞國華先生也很慌張地問說『為什麼不行呢』，竹下先生則解釋給我們聽：『特別委員會就好像架好槍一樣。如果成立特別委員會，就一定要做出一個決定了。但是沒有任何保證最後會是對台灣有利的決定。』」

竹下這番出乎台北方面意料之外的話，讓屋內頓時安靜了下來。於是竹內又接著說下去。

「在這種時候，什麼都不說反而是最好的。日本是ＡＤＢ最大的投資者，所以發言也很有力量。正因為如此，反而什麼都不說才是最好的。」

俞國華傾耳聽著林金莖的翻譯，表情十分認真。這次會晤的時間很短，不過透過與竹下的意見交流，台北方面決定不再要求成立特別委員會。林金莖說：「我和俞國華先生被竹下先生誠意以告的意見點醒了。」

在隔天的會議中，沒有人提出成立特別委員會之類的提案，日本代表也保持沉默。其他的會員國也沒有發言，會議就這樣結束了。

「在那之後，誰都沒再提過ＡＤＢ的問題，所以中華民國也才能一直保有席次。如果那時候沒有聽竹下先生的意見，我方應該早就失去席次了吧。」

關於ADB的席次問題，後來在一九八六年時，因為決定讓北京政府入會，所以「中華民國」便改稱「中華台北」。中華民國政府為了表示不滿，對一九八六年和一九八七年舉行的年會都發起抵制。而一九八九年的ADB年會決定在北京召開，台北政府擔心再度被排擠。那時林金莖因而銜命前往北京，試圖說服日本代表。

「在北京召開的年會上，不一定會有大陸方面的惡意干擾。因此我們遊說一些像日本那樣發言比較有分量的國家，在北京大會的現場，發表歡迎我方代表團的言論。剛好大藏大臣村山達雄是我的朋友，願意接受我們的遊說和請託。而村山先生在人民大會堂歡迎我方的代表團時，也照約定表達歡迎之意，連中共都沒法再說什麼。」

中華民國政府的代表團在財政部長郭婉容的領軍之下，出席北京的年會。這是自從一九四九年大陸淪陷之後，首度有中華民國的高官訪問大陸，所以全世界都作了大篇幅的新聞報導。

ADB北京年會是在一九八九年五月召開，不久之後就發生了六四天安門事件。林金莖在北京也感受到學運的浪潮。「四十年沒有去大陸了。在戰後不久，我曾經拿到台灣省行政長官公署教育處的內地獎學金，以公費學生的身分在上海復旦大學就讀。在讀書生涯的最後一段時間，共軍已經逼近上海，所以我是像逃難一樣的回到台灣。而一九八九年的北京就像淪陷之前的上海，充滿著一股騷動的氣氛。」

中華民國代表團也把握會議的空檔，參觀了長城、天壇等北京名勝。

「走到天壇的時候，我們一抵達，正在播放的音樂就突然改成『高山青』。我們面面相覷，苦笑著說『中共的統戰還是一樣厲害啊。』」

於1989年出席亞洲開發銀行北京年會時，參觀長城。（林金莖提供）

從自由民主黨到日本共產黨——台北政府的對日遊說工作

中華民國展開遊說工作時，曾和哪些議員接觸呢？於一九九三年到一九九六年間擔任駐日代表的林金莖是如此描述當時的人脈。

「自民黨議員是以日華議員懇談會的成員為中心，與我方維持著良好的關係，核心人士有岸信介、佐藤榮作、賀屋興宣、藤尾正行、船田中、石井光次郎、金丸信、渡邊美智雄、福田糾夫、安倍晉太郎，以及青嵐會的中川一郎、中山正暉、濱田幸一、石原慎太郎、藤尾正行等人。還有竹下登、宮澤喜一、鹽川正十郎三人是與我從早稻田留學期間就有交情，與小淵惠三、海部俊樹、森喜朗三位首相也都有往來。」從林金莖的口中，流暢地點出一位位自民黨右派資深議員的名字。「正因為日本和中華民國已經斷交了，願意為我方在日本國內活動、為我們發聲的人，更顯得我們和他們的關係是無可取代的。我是這麼想的，所以和每位議員都竭盡誠心地交往。」

另一方面林金莖也認為：「決定政策的是執政黨，和執政黨的關係固然最為重要，但也不能一直只和自民黨交往。」

「正因為雙邊已經沒有邦交了，和以前比起來，更需要擴展與在野黨各派的網絡。朋友越多越好，多一個人也好。看看中共吧。一開始只和共產黨及社會黨打交道，但是漸漸也開始透過公明黨和民社黨，還試圖滲透自民黨。對於我方來說雖然是很不甘心，但是這種方法和行動力，即便是敵方，也必須承認的確值得佩服。事實上，也因為細川護熙的新黨取得執政權，讓自民黨面臨下野的局面，因此我方也產生危機意識，如果不繼續擴充人脈，勢必無法處理這個狀態。」

而關於非自民黨的人脈，「和日本社會黨黨魁土井多賀子的關係最好，如果有台灣的議員訪日，一定會去拜會土井眾議院議長。土井女士也曾經應我的邀請訪問台灣。同屬社會黨的石橋政嗣先生在戰前曾經住過宜蘭，他從社會黨委員長退下來之後，也應邀來訪問過台灣。」

除此之外，林金莖也承認曾和日本共產黨的議員接觸。

「雖然只是打打招呼，不過確實有交談過，雙方也互相認識。日共的組織給人一絲不苟的印象，不過以各個成員來說，印象中有許多真誠、充滿人情味的人。如果拋下彼此的立場和公務，只單純的交朋友，說不定可以意外的成為好友。」

林金莖笑著說：「我自己也是日本共產黨的黨報《赤旗》的忠實讀者。」

「一開始是為了偵察日共的主張才開

率領中華民國立法委員代表團訪問眾院議長土井多賀子（中）。前排右一為林金莖，前排左三為王金平。林金莖與土井等日本社會黨的重要議員私交甚深，土井多賀子、石橋政嗣等人也在日後訪問台北。（林金莖提供）

始讀的，不過漸漸地甚至會對社論或評論作筆記了。在一九七〇年代，《赤旗》的論點幾乎是不輸給中央日報的強烈反中共。雙方的意識型態雖然不相容，但卻有很多觀點足以參考。日共和中共同屬於共產主義政黨，可能更容易了解對手的缺點。」

台海兩岸與對日關係的未來

有人認為在蔣介石、蔣經國主政的時代，主要是由國民黨與自民黨負責日本和台灣之間的交流管道，後來再聚焦成李登輝個人與日本人政治家之間的關係，而這些雙方的人脈關係，沒能完整地被陳水扁直接承接。說得精確一點，日本右派在冷戰體制下對於「自由中國——台灣」比較有共鳴（其實兩蔣所代表的國民政府本身也根本都不屬於所謂「反日」的範疇），又因為中華民國總統李登輝刻意擺出策略性的「親日」言行舉止深得日本百姓的心，因此與李登輝關係較密切。在李登輝卸任總統之後，透過他，這些以日本右派為主的人脈，轉而支持與李登輝較親近的民進黨和台獨派。也就是說，過去日本的親台人士，因為有了「親日總統李登輝」這個前例（某些部分屬於假象），於是便冀望民進黨也和李登輝一樣親日。加上他們因自身反中立場，只認同與大陸敵對的黨派，所以在「親日／反中」這個單純的脈絡之下，日本親台人士便願意和同樣具有反中傾向的民進黨及台獨派保持交好。其實反體制派（所謂的「黨外」）和海外的台獨派，在過去冷戰時期與日本的左派勢力（如舊日本社會黨）關係比較好，因此交好對象從日本左派轉為右派這個變遷格外具有意義。日本的台獨勢力和日本的右派之間，也因為這個變化而加深了連結，「親日台灣」的形象變得過度變形而虛虛實實的。透過這個形象，也讓建構日台雙邊關係的過程中，出現了一部分像是「各懷鬼胎」的扭曲關係。這除了是因為台灣人在歷史中形成的現實（或可以說是投機）個性的緣故，也必須考慮到日本方面的心理變化，是一個值得慎重討論的議題，不過因為與本文的結論沒有直接相關，所以在此不擬再進一步地討論。

二〇〇〇年時，國民黨首次交出執政權，由民進黨的陳水扁上台。林金莖在一九九六年時卸下駐日代表一職，在台北擔任亞東關係協會會長，並於二〇〇一年轉任總統府國策顧問，從對日事務的第一線上退了下來。

林金莖對於後國民黨時代的日台關係和陳水扁政府的對日政策，有以下的分析。

「民進黨還是在野黨的時候，因為國民黨和自民黨的關係不錯，因此盡力和現在的民主黨相關人士維持交流。民進黨的構想是繼續和這些自民黨以外的勢力維持好關係，而且要強調台灣與中共之間的對立關係，以重新建構他們和自民黨周圍人士的關係。如果他們強調日本和中共之後的關係也會進入緊張期，以短期來說，應該也會有某種程度不錯的發展。如果維持好本來和自民黨的關係，並進一步拉近和自民黨以外勢力的關係，這對我方而言應該不是壞事。不過，我聽說在民進黨內部，有人認為自民黨和國民黨的關係良好，所以是『保守反動』的，並不可取。雖然加深和民主黨的關係這一點很好，但是既然與自民黨在利害關係上並無衝突，卻把至今為止維持得好好的關係單方面捨棄掉，又重新縮回自己的殼中，這應該算不上一個好的政策。因為受到中共對台灣封鎖政策的影響，我國已經變得更為孤立了，我們比以前更需要來自各國各界的支援。」

日本與台灣的關係也迎向了新世紀，林金莖是怎麼看待這段關係的呢？

「日本與台灣的關係，必須兼顧過去

於2000年9月11日在中華民國總統府由第十任總統陳水扁授與二等景星勳章。左二為次男林志隆，左三為林金莖之妻。林金莖離開外交官崗位之後，依然以總統府國策顧問的身分，繼續對擴大對日關係提供建言。（林金莖提供）

的歷史與中日關係，其實非常複雜，但也極為重要。從蔣介石政府一直到李登輝政府，我方歷屆政府都知道對日關係的重要性，並且也十分重視。也還好在我方的外交官中，有不少人不會過分美化或是看輕日本，而是根據現實，理解對日外交的重要性。不過年輕一代的政治家對日本的認識到哪裡，我就覺得有點不可靠了。他們大部分都覺得日本只是遵照美國的指示採取行動，只要處理好對美國的關係，日本那邊也就解決了。但我不認為這是一個好的方向。戰後的日華關係的確一直受到日美關係、中美關係的影響。今後，在中共會於政治和經濟面施力的場合，日本可能也必須更重視與美國的同盟關係。但是，不能因為這樣就認為日本已經喪失外交的

駐日代表卸任時，因促進日華友好功績卓著而接受表揚的林金莖。右起為小淵惠三、林金莖、森喜朗、村上正邦。（林金莖提供）

主體性。視狀況而定，也有必須要求主體性的時候。對於我方而言，對日外交的重要性應該只會與時俱增，而不會降低。」

對林金莖的訪談是於二〇〇三年進行的。而在兩年前，李登輝為了醫療目的而前往日本，當時日本與台灣的關係正在出現一些變化。就在同一時期，日本的經濟條件不如以往的時候，在日本國內也有些人對日本政府的傳統外交態勢開始質疑，甚至批評為「土下座外交」[4]。今後日本與台灣究竟會走向怎樣的關係，對於這個問題，林金莖是這麼回答的：

「我認為日本和中共之間，至少在未來的二十年到四分之一世紀之間，都會保持著不太順暢的關係。理由很簡單，因為東亞龍頭的主導權之爭已經白熱化了。中共的國力漸強，日本感受到中共的威脅，對中共心生畏懼，所以討厭中共的人也應該會日漸增加，這是日本在近現代都未曾體驗過的事。對於中共而言，如果要整合內部，也要盡量利用愛國主義。這時候首當其衝的，不是美國也不是台灣，而是日本。兩國國民之間的感情也惡化了，因此日本與中共的主導權之爭應該不可能輕易落幕。日本不太可能突然落入弱小國家之林，而中共雖然內部有傾軋，但整個國家也不至於變得分崩離析。中國

4　譯註：即無條件接受對方國要求的外交政策。

共產黨的狀況或許不太好，但是今日的中共在很多方面都和蘇聯不同。如果日本和中共的關係降溫的話，日本就比較可能會試圖拉攏我方吧。如果將來民進黨下野的話，台灣海峽的兩岸關係就會趨向緩和。日本方面可能不太願意看到這個時刻的到來，所以會用盡各種策略將台灣拉向己方。」

想再說一次，這個訪問是在二〇〇三年的夏天進行的。在那之後，就像要印證林金莖的預測似的，日中在政治上的關係迅速降到冰點。幾乎在同一時期，日本也確實出現一些向台灣「靠攏」的傾向，例如通過台灣觀光客入境日本免簽證。二〇一三年四月，台灣海峽兩岸共同抗議日本政府將釣魚臺列島國有化，大概是為了分化兩岸，日本便與台灣簽署了十七年來毫無進展的漁業協定，這也是例證之一。

有人認為現在日本與台灣的關係正處於「斷交以來的高點」。林金莖對最近的事態作出怎樣的預測雖然不得而知，不過他的確有如下看法。

「不過，雖然日本和中共的關係處於緊張狀態，相對而言日本和台灣的關係有些許改善，但我們還是不能因此變得得意忘形。一定要時時惦記在日本和大陸的關係確定之後，不要讓我方與日本的關係因此而疏遠。這絕對不是說，台灣方面要卑躬屈膝地討日本歡心、無條件地巴結、追隨日方。不論在現在或過去，將來也一定是如此，日本真正關心的重點一定是大陸。而且，大陸的國力如果日益增強，表示日本與大陸在經濟層面的利害關係一定會日漸加深，所以就算雙方在政治上的關係不太圓滑，也一定會盡量避免極端的惡化。我方應該充分認識這方面的現實。如果有任何有利的條件，可以強化我方與日本的關係，就應該善用這個機會，加強與日本的實際關係。也就是說，如何強調自身的存在，讓日本無法忽視我們，也不要讓日本看扁台灣，這才是我方的課題吧。」

林金莖的宅邸位於台北市南京東路三段，客廳還兼作律師事務所之用，「總統府國策顧問」的聘書就隨意地夾在書本中。林金莖注意到筆者的目光停留在聘書上，所以像是解釋似的說：「並不是有意亂放的，只是覺得也不必像炫耀似的掛在牆上，所以才放在那兒的。」

「對我來說，陳水扁就是大學的學弟，廣義的來說，也算是台南的同鄉。他邀請我擔任總統府國策顧問時，我不想辜負他的好意，所以就接受了。而更重要的是，我的外交官生涯終生奉獻給中華民國，我想繼續為中華民國做點什麼，所以每次開會都有提出對日政策的建言。不過，如您所知，國策顧問只是名稱好聽的名譽職。老實說，其實我每次都會懷疑到底是為了誰而報告的。」

接著又苦笑著繼續說：

「民進黨是因為否定中華民國的言論才獲得選民支持的，不過一旦獲得執政權，馬上開始賴在中華民國的制度上。不過民進黨一方面還是保留著身為在野黨的主張，也沒有完全捨棄否定中華民國的言論。我身為中華民國的外交官，看著這群不像話的人，總覺得心情鬱悶難解。我大概也是老派的人吧。」

台灣人的矜持

本章的一開始曾提到，在日華斷交時，林金莖是當時唯一在東京現場的台籍外交官。當時的中華民國政府主張「中華民國才是代表全中國的唯一合法政府」，包括外交部在內，所有的中央部會、立法院以及國民大會等議會，都由外省人占據多數的職位。像林金莖這樣土生土長的台籍人士，卻可以出任中央等級的幹部，可說是極為少見的。對於當時外交部內的狀況，林金莖也承認「台灣人的確很少。尤其是像我這樣在戰前和國民黨沒有任何關係，只是通過考試進入外交部的台灣人，更是只有少數幾個」。他還補充說：

「至少不會因為我是台灣人，就看不起我或是排擠我。張群先生、張厲生先生和彭孟緝先生在私底下都會照顧我，其他前輩也很容易就接受我了。只不過晉升的確很慢。不是只有外交部有這個問題，中央政府的組織是從大陸直接遷來台北的，所以上層已經擠滿了從大陸來的上司和前輩。年功序列的意識也很強，新進的台籍職員如果要晉升，要花很久的時間。」

反而是應該算自己人的台灣人，還嫉妒得比較嚴重。

「不時感覺到部分的台灣人對我有很強的妒意，說我是不是有門路啦，或是送了禮。不過，我在政府裡面沒有任何關係，只是對考試和任務都全力以赴而已，我對自己有這方面的自信。因為通過考試，也都忠實地達成任務，所以長官會認為『這個人還可以用』吧。我也有律師執照，所以當初只是想『如果被開除了，就去當律師好了』。」

林金莖認為在一九五〇年代時，中央機關很少進用台灣人，有下列幾個理由。

「首先是因為有反攻大陸這個政治目標存在，不可以變得台灣像是地方政府一樣，所以有意識的不會只用台灣人。證據就在台灣省政府和台灣省議會，就有許多台籍菁英聚集。還有一點是，不能辭退那些從大陸帶來的人，政府擔心如果公務員的生活無法獲得保障，社會就會產生不安。最後還有一點，遷台初期的國民黨政府對於在殖民地時代受日本教育的台灣人，並不完全信任。」

林金莖指出，在一九七〇年代蔣經國開始掌握實權之後，中央部會內部所進用的台灣人也明顯開始增加。而他認為這個現象的背景是：

「政府判斷當初如反攻大陸之類的政治目標已經不可能實現了。而第二個觀點則是，這時期也已經培育了可以完全用中文讀寫、經驗和價值觀也有某程度共通的台籍菁英。」

第一章也曾稍微提到，因為當時台灣的政治結構是由外省人主導，所以在批評蔣介石政府的台灣人，尤其是台獨派中，有些人認為北京與台北在對日邦交上的交鋒，其實是圍繞著中國代表權的「兩個中國」之爭的一環，並不算是日本和台灣之間斷絕關係。而在中國共產黨核心的台灣人，也很強調幾乎是相同的看法——「所謂的日華斷交是為了讓不正當的日蔣條約不復存在，並不是意謂著日本和台灣斷絕關係」，這在前面也提過了。

而同樣是土生土長的台灣人，在中華民國政府的核心、專門從事對日工作的林金莖是怎麼評價這幾點的呢？

對於筆者的提問——「日華兩國斷交不代表日本與台灣斷絕關係嗎？」林金莖在短暫的沉默之後回答：

「中華民國與日本之間雖然斷交了，但是日本與台灣的民間交流還是一直順利地維持並擴大。從這件事來看，中華民國和日本的斷交絕對不代表台日關係劃上句點。但是在這個世界上，其實沒有叫做台灣的國家。獨派倡導的所謂台灣共和國還是台灣國什麼的，以後會不會誕生，現在還不得而知，不過現階段是確定不存在的，以往也未曾存在過。比起台灣是不是應該獨立這個問題，我認為能不能夠獨立才是問題所在。我不認為是可以的。不管喜不喜歡，今天台灣的政府就是中華民國政府。在一九四九年大陸淪陷之後，日華關係實際上就等於日本和台灣的關係。因此，日華斷交至少表示日本和台灣之間的政治關係已經切斷了。」

筆者又接著問：眼看著雙方斷交，身為台灣人有什麼感覺呢？林金莖的回答是：

「很悲傷，也很淒涼，而且不甘心。但是在那個時候，很自然地我並不只站在台灣人的立場想事情。我是中華民國的外

出席王貞治三冠王慶祝會的林金莖、吳愛桂夫妻。（林金莖提供）

交官，我將中華民國政府和我故鄉台灣的將來都放在心上，但是並不感覺到這兩者之間有什麼矛盾。台灣人在戰後就成為中華民國的國民了，我一直都活在這個現實裡。」

林金莖先開口說了「不管在日本的殖民統治之下，或是在戒嚴體制之下，我都是以台灣人的身分，一路上堅強地走過來，也就是有所謂台灣人的矜持。」之後，他又接著說：

「說到親日，我應該是不輸給任何人的親日派。思考日本的將來時，也經常用不輸給對中華民國的熱忱，在對等的考量。所以我可以說，今日的台灣歷經了清朝、日本和中華民國的建設成果，這就是事實。不是只由日本，或是只由中華民國建設起來的。」

口譯眼中的蔣介石、宋美齡夫妻

令人意外的是，林金莖其實也曾擔任過蔣介石的口譯。林金莖表示他之所以被拔擢為蔣介石的口譯，其實是幾個偶然事件的結果。在分派到駐日大使館之後的第三年，也就是一九六二年時，林金莖轉任駐大阪總領事館的副領事，不過這時被調派大阪，其實等於是降職。

林金莖說明當時降職的理由是：

「在東京大使館任職的一九六二年春天，與我同鄉的吳三連夫妻來訪日本，我接待了他們。那時還叫了台南的同鄉，同時也是我在台灣大學的學弟黃昭堂一起來。黃昭堂在日本留學時曾涉入台獨運動，當時正在地下活動，我並不知道原來他是台獨派。」

但是，駐日大使館因為這件事就懷疑林金莖與台獨派有關係，吳三連回國之後，不到半個月的時間，林金莖就被任命轉調駐大阪總領事館。對於林金莖而言並不是好事，但他說「因為被降職到大阪，所以我成為蔣介石總統的口譯。」

「一九六七年時，外交部的人事異動命令要我返回台北，出任亞太司第一科（日韓）的科長。當時上司告訴我：『佐藤首相夫婦即將在近日正式訪問台北，屆時就拜託你了。』」

外交部似乎認為林金莖已經在日本八年半了，應該很熟悉日本人的接待方式。在大阪的五年半期間，林金莖與台獨派有關的疑雲也解開了，這也有加分作用。在佐藤訪華的一週前，林金莖從大阪回台北赴任。在那之後，他常以日韓科長的身分，擔任蔣介石的口譯。

「在總統府的張群先生對我的評價是『你翻譯的日語非常好。岸信介等許多日本人也誇獎你的翻譯很容易懂，又很有感情』。尤其是蔣介石總統說話常常出現中國的古典成語或是故事。還好我雖然是在台南的偏遠鄉下長大，但是在日本殖民時代，我的父親曾教我漢文的典籍，所以即使是蔣總統說了比較難懂的話，我也可以翻譯得讓日本貴客比較好理解。蔣介石總統也懂日語，他好像也一邊在檢查我的翻譯是否有誤。後來張群先生告訴我『蔣總統希望盡量都由你來翻譯』，這讓我吃了一驚。」

蔣介石在一九〇七年到日本留學，後來以士官候補生的身分加入新潟高田的第十三師團高田聯隊，在日本的生活前後長達五年。

口譯眼中的蔣介石是怎樣的人呢？林金莖回憶起當時的緊張，笑著這麼說：

「對於當時的我們來說，蔣介石總統是高高在上的人物。第一次幫他口譯的時候，我非常緊張。好像要被總統的威嚴壓倒一樣。他的眼神也很銳利，但是很不可思議的是，並不會令人感到恐懼。在外面聽說他很恐怖啦之類的，對他有各種傳聞，但是實際照面之後，發現他不但對國賓很照顧，竟然對口譯和隨扈也是如此。」

有一次，林金莖患了傷風，幫蔣介石的口譯結束，要離開的時候，張群傳蔣介石的口信，告訴他：「剛感染傷風的時候是最重要的。雖然忙，也不要忽略了養生。」

蔣介石的日語口譯原本是周隆岐，他是在大陸出生，日語十分流利。不過因為周隆岐的職位異動，拔擢了一位從軍隊退役的外省人，代理周擔任口譯。但是他的工作表現離蔣介石等人的期待，卻差得很遠。

當時的這件事，林金莖還記得很清楚。

「聽說蔣介石總統問來客『什麼時候來台北的？』代理口譯沒有翻譯給客人聽，就直接回答『報告總統：是昨天到的。』蔣總統再問『住在哪裡呢？』口譯又自己回答『報告總統：住在圓山大飯店。』」

蔣介石對此感到十分困擾。「蔣總統說：『什麼時候來的？住在哪裡？我是在問客人，不是在問你。我問客人的行程和下榻的地方，這些都是社交禮儀。』因此把這個人從口譯位置上換下來了。就我所知，蔣總統當著國賓的面教訓口譯，這是第一次，也是最後一次了。因此，要接替周先生的口譯人選遲遲不能決定，這時候，張群先生向我在大使館任職時的長官推薦了我，所以便由我出任蔣介石總統的口譯了。」

蔣介石懂日語，不過從在大陸的時候開始，只要與日本人會晤，都還是會安排口譯。這一方面是為了保有國家元首的尊嚴，也有人認為是在聽了日文的問題之後，可以用翻譯的時間思考問題的答案。關於這一點，林金莖是這麼回憶的：

「蔣總統確實可以聽得懂日語，所以對口譯的要求也很高。剛開始擔任口譯的時候，就有同事對我提出忠告：『蔣總統自己懂日文，所以如果翻錯的話，當場就會被他罵。』後來才知道，會當場對口譯嚴厲斥責的人，不是蔣總統，而是張群先生。」

據林金莖所說，蔣介石邊聽日語就會邊點頭，如果講到激動處，甚至在口譯把對方的話翻譯好之前，就會直接以中文回答了，可見他的日語聽力是很好的。林金莖說「蔣總統一直都很歡迎日本的客人。如果是與日本人會晤，常常會超過預定的會晤時間，總統的眼神也會閃耀著光輝，好像打從心底的高興」，這與蔣緯國在生前接受筆者訪問時的說法相同。蔣緯國向筆者透露「父親特別喜歡接見日本人，與和歐美客人會晤時的表情截然不同」。

不久之後，林金莖也開始擔任蔣介石夫人宋美齡的口譯。這個過程反映出中國的複雜性，饒富趣味。

「宋美齡夫人與日本的國賓會見時，大都講英文。有一次在接見日本的國會議員時，平日的口譯因病無法出席，臨時找了另外一位懂日語的口譯負責。但這位口譯的英語聽力不太好，而蔣夫人的中文有很濃的上

與蔣介石總統會見之前的日本國會議員代表團。1969年攝於台北市近郊的陽明山。後排左六為金丸信、右六為安倍晉太郎，前排左一為濱田幸一、右一為林金莖。（林金莖提供）

海腔，即使同樣是中國人，如果是其他省分的人，也是聽得一知半解。日本客人的話可以透過口譯傳達給宋美齡夫人，但是至關重要的宋美齡夫人的話，卻誰也沒聽懂。所以日本的客人就開始直接用英語發言，不過他的英文並不流利。這次換宋美齡夫人覺得困惑了，悄悄地問隨行人員：『最近的日語有很多和英文相似的詞彙嗎？』她沒有發現客人其實是在講英語。」

最後是張群出面，才總算是解決了。張群於是下了指示，要物色「日語為可以口譯的程度，也聽得懂上海話」的口譯人員。剛開始是以上海和江浙出身的外交官為主進行物色，不過卻沒有符合條件的人。張群一直催促，放寬為不要拘泥於出生地，只要是懂上海話的人，全部列入考慮。大家集中在一起討論是不是有這樣的人選，最後的結論是「就只有林金莖了」。

關於被拔擢為宋美齡的口譯，林金莖對於過程的說明是：

「我曾經在上海的復旦大學讀書，所以大致聽得懂上海話。東芝的社長石坂泰三夫婦來作禮貌性的拜會時，是我第一次擔任宋美齡夫人的口譯。一次就通過了。聽說宋美齡夫人很高興地說：『今天的口譯很好，我說的話都有聽懂了，而且還能翻譯，以後就讓他擔任我的口譯吧！』所以我之後也成為宋美齡的口譯了。」

林金莖說「蔣總統夫婦在許多方面都很關照我。」現在這個年代的台灣人給人的印象，就是總把對蔣介石的恐懼和怨恨掛在嘴上，林金莖的評論和姿態稍微令人感到意外。把這件事拿來問林金莖，他的回答是：

「在現在的台灣，取得天下的就是大聲譴責蔣介石總統是惡人的人。當然，戰後台灣的政治確實有各種問題存在。不過，這個世界上不可能有百分之百的惡人，也沒有聖人。不管是好是壞，因為有蔣總統的時代，才有今天的台灣。我無意靠著扭曲自己的記憶，來迎合這樣短暫一時的潮流。」

接著又繼續說：

「最近，我如果談起蔣介石總統那個時代的舊談，就會有台灣人或是日本人露出好像有點尷尬的表情。不過今天意氣風發地辱罵蔣總統的人當中，有許多人當時可是不遺餘力地大力頌揚蔣總統呢，甚至到連我們都看不下去的程度。」

關心日本經濟建設的蔣經國

林金莖在蔣經國、李登輝等歷任總統接見日本客人時，時常在場陪同。「在蔣經國總統的時候，我擔任過好幾次口譯。和蔣介石總統比起來，蔣經國總統和日本的淵源比較不深，不過他對日本的時事問題也都知之甚詳，而且很感興趣。應該是在斷交的不久之前吧，嚴家淦副總統希望我送幾本田中角榮的《日本列島改造論》到台北。嚴家淦先生的專長是經濟問題，不過溫和的嚴家淦先生和活力充沛的田中先生，兩人的形象很難連結在一起，所以總有一種不可思議的感覺。後來聽說是當時的行政院長蔣經國先生對田中先生的主張很有興趣，我才突然恍然大悟。蔣經國先生好像對日本的經濟建設和地方自治都十分關注。」

不知道是否是受到《日本列島改造論》的影響，蔣經國在一九七三年，也就是他就任總統的五年前，決定要推動「十大建設」。

林金莖回憶起與蔣經國的會面時，說：

「我在上海復旦大學讀書時，是一九四〇年代的後半期，當時正是蔣經國先生因

嚴家淦副總統與行政院副院長蔣經國（左），於1970年12月23日下午在行政院接見來華訪問的日本國會眾議院議員賀屋興宣及參議院議員石原慎太郎（右），並以晚宴款待。（中央社提供）

『打老虎』[5]而馳名的時期。在那之後，首次在台北會面時，感覺他確實有『打老虎』給人的能幹的印象，也覺得他應該是個可怕的人。」

一開始時，只是在有日本客人來訪時擔任口譯，不過在林金莖將出任駐日副代表時，就比較有機會直接聽取蔣經國對日本政策的指示。例如在一九七五年初的某一天，林金莖就直接聽取了蔣經國對於要重新開啟日本與台灣之間航空路線一事的指示。在日本和大陸於一九七四年四月簽署日中航空協定之後，日本和台灣之間的航路即告斷絕。當時，日本外相大平正芳發言表示：中華航空公司的飛機尾翼所畫的中華民國國旗，日方「不承認那是國旗」，至此，台北方面的態度也轉趨強硬。

林金莖將日本方面的情況向蔣經國報告。那個時候，林金莖已因連日的交涉而顯露疲態。

「在報告的時候，蔣經國先生有好幾次像在瞪我一樣，一直盯著我的臉看。那一天的報告中，我也提到日本政府受到中共的壓力，因此侮辱我方的事情，我想就算因此而受到蔣經國的斥責，我也無話可說。在那個時候，我還對蔣經國先生留有『可怕的人』的印象。」

聽完林金莖的報告之後，蔣經國也立刻開口說話。

「蔣經國先生簡短地說完『報告我知道了。辛苦了。』之後，就問我『什麼時候回日本？』我回答『明天。』他說『明天絕對不行。』我嚇了一跳，問道其中緣由，他回答『那個臉色是怎麼回事？今天就早點回去休息，還是快點作檢查得好。』於是當場叫來祕書，指示他與榮總聯絡。他應該是一個很性急的人吧，我當場震懾於他的行動力，也很驚訝他這麼把下屬的事放在心上。之後我和內人一起到醫院時，院長親自迎接，也接受了免費的檢查。」

檢查的結果是輕微的糖尿病。林金莖日後說到蔣經國還有這令人意外的一面，對下屬的身體狀況和家庭是如何關心時，總是表示自己十分感激。林金莖對蔣經國的評論是：

「乍看會覺得是嚴肅、並且對工作十分要求的人，不過在人們看不見的地方，卻是一位情感纖細、有血有淚的領導者。」

據林金莖所說，在李登輝接見日本來客時，因為李登輝的日語沒有問題，所以就算林金莖在場，也幾乎從來不曾翻譯。

「李登輝先生的日語很好，而且在很多會晤中，幾乎都是敞開來談。李登輝先生是

5　指蔣經國於一九四八年在上海進行金融管制、打擊投機商人的行動。

一個直爽的人，而且博學多聞，話術也很好。日本的客人如果是和李登輝先生會晤，似乎也覺得很輕鬆。過不了多久，漸漸比較多人會敞開心胸說話了。尤其是李登輝先生開始強調台灣意識還是什麼的時候，在這類話題的前後，這種傾向好像特別明顯。我看過有人在與蔣總統會面時顯得很緊張、不自然，不過在與李登輝先生會晤時，卻像是變成另一個人似的敞開胸懷，甚至是有些熟不拘禮的態度。這時候，我也只能好意地解釋成『是因為李登輝先生平易近人的人格特質吧』。」

他對於這個「好意地解釋」又包含了多少感慨呢？

經過了短暫的沉默之後，他小心地選擇用語，並繼續講下去。

「也許我說得有點極端，現在的日本人、特別是關心台灣的人，好像都對李登輝先生之外的台灣人沒什麼興趣。李登輝先生的確足以象徵台灣人的某一面，但是台灣社會超乎日本人想像的複雜，而且變化得也很快，誰都不可能一個人就足以代表台灣全體。日本在今天好像仍有人把李登輝先生奉為神明一樣的人物，不過如果太過分的話，日後也可能會自取其辱。」

和李登輝差不多年紀的台籍外交官，對於這些對台灣十分友好的日本人（主要是李登輝的仰慕者），竟然有這麼冷靜的看法，這令筆者感到頗為驚訝。

林金莖認為李登輝「在擔任中華民國總統時，是民主化的推手，當時我對他當然十分尊敬。他提拔我擔任駐日代表，我對於這點也很感激」，也不隱藏對他的感謝。林金莖在擔任駐日代表時，為了實現李登輝的訪日而多方奔走，在提到這件事時，他說：

「李登輝先生當時是中華民國的元首，我身為中華民國的駐日代表，這是當然要做的事。如果能讓他以中華民國總統的身分、有尊嚴地訪日，這對於投入對日事務的外交官而言，是目標，也是夢想。而且我在那個時候，也沒想到李先生後來會變成那樣。」

林金莖反省自己，從以前就認為自己站在受日語教育這個世代的第一線，一直以來都站在對日本抱持善意的立場發言，結果讓日本方面習慣如此，反而引發了惡

林金莖、吳愛桂夫妻。（林金莖提供）

果，使得日本方面沒有辦法實際聽到台灣也有各種不同的聲音。

「以後的時代大概是要用年輕人的新方法和想法，思考兩國關係的各種是是非非了。這也不是壞事吧。」

一邊苦笑著一邊說這些話的林金莖，語調意外地爽朗乾脆。

林金莖在二〇〇三年十二月十日，因為肝癌而離世，享年八十歲。筆者在那年夏天經常造訪位於台北市內的林宅，每次林金莖都穿著西裝、打著領帶來迎接我。每次他都很慎重地對我說：「我可能沒有多少日子了。但是，我的人生幾乎有半世紀投入對日外交，我是抱著像寫遺書給日本朋友的心情，來接受你的專訪。」令筆者感到十分惶恐。

第三章

在台灣、大陸與日本之間搖擺的「三顆心」

回歸大陸的日語世代台灣人

在日中邦交正常化過程中立於最前線的林麗韞，以及從頭到尾見證了日華斷交的林金莖，兩人都是生於日本殖民時代的台灣，並在其價值體系下受教育的台灣人。對於兩人出生、成長的時代，都特別會讓人想到是一九四五年日本戰敗、台灣光復的時代，這對他們的人格形成也具有重要的意義。

然而，從李登輝時代的後期，到陳水扁、民進黨執政的時期，在這段時間有一部分日本人開始認為：「台灣人對日本殖民時期的評價很高，非常感謝日本的殖民統治。」尤其是過去在殖民時期受日本教育的台灣人世代中，有一部分人的發言似乎可以理解成在「讚美日本」，這都加強了「台灣人親日」的印象，同時也被日本方面引用來證明日本的殖民統治在效率、成果、道義等各方面，都無可挑剔。同時，伴隨著台灣的民主化，產生了「台灣意識高漲」和「台灣本土化的進展」等發展，這也與「台灣人一般都很討厭『中國』，並認為『台灣人不是中國人』」的說法，在日本人之間廣為流傳。

林麗韞也是屬於戰前在台灣出生的世代，但她是活躍於中共政府核心的台灣人，她的存在與一般認為的「親日、反中的台灣人」形象有著鮮明的對比。

「我回到中國，被委派的工作是要幫助日本人，當時其實覺得很想不通。如果要幫華僑翻譯是沒有關係，但是要幫日本人翻譯的話，其實我很不願意。」

戰前生於台灣，在戰中與戰後在日本國內或是日本統治下的社會生活，戰後又前往大陸——包括林麗韞在內的許多受過日本教育的台灣人，都剛好在可以接觸到日、台、中「三顆心」的環境中成長。這個世代的台灣人體認到自己有「三顆心」，在回首自己一路走來的道路時，有時似乎帶著令人感到不解的慎重，有時似乎又有著複雜的曲折。

林麗韞於日治時期的一九三三年三月二十二日出生於台中州清水鎮。上有兄姐，聰明而調皮的她，集家中的寵愛於一身。

林麗韞的父親林水永，是林家的養子，也是農家子弟，在上完私塾和初級學校之後，便開始自學，而母親則沒有上過學校。林麗韞小時家中生活清苦，擅長裁縫的母親便以裁縫工作幫助家計。即使忙於工作到處奔走卻也未疏忽子女教育的父親，以及對子女不吝付出的母親，這是當時台灣鄉間到處可見的普通家庭。在一九三五年林麗韞兩歲時，新竹、台中州發生大地震。她被困在倒塌的屋子中，雖然被父親救出來而保住一命，但是餘震還是持續了好一陣子。她的父親在地震前就在台北作買賣，不久之後，林麗韞一家就離開清水，搬到台北。她的父親經營布料和珍珠的貿易，之後變得常常往來於台北和神戶之間。

林麗韞到今天都還記得戰前在台灣看過的盛大祭典。「台灣不愧是被叫做寶島，戰爭開打前[1]的社會還很富饒。在農曆一日和十五日都會有祭典，我的母親是佛教徒，常帶我去參加祭典。對小孩子而言，祭典就一定會吃到好吃的，這是最重要的。」

林麗韞4歲時在台北拍攝的家族合照。前排右起第二人為林麗韞。林家在三年後的1940年遷居神戶。（林麗韞提供）

寺廟旁邊會搭建歌仔戲的戲棚，要祭祀的住家和店鋪前會擺上桌子，線香的煙裊裊升起——她所說的這些情景，現在台灣各地祭祀時還是一定會看到。從林麗韞和她的兄姐小時候開始，父母就對她們說「我們是唐山人」。「父親年輕時到過廈門的鼓浪嶼，常常告訴我們『唐山在海的另一邊，鼓浪嶼很美』。大概是因為常常聽到父親這麼說吧，我們也變得對鼓浪嶼充滿憧憬。後來真的到廈門去時，也發現父親所說的話是真的。」

與統治階層的距離決定了台灣人對日本的情感

林麗韞在達就學年齡之後，深感住在台灣的日本人與台灣人之間有很大的隔閡，身為統治者的日本人，也對台灣人有差別待遇。殖民地的最高行政機關台灣總督府，為日本人子弟成立了小學校。另一方面則設立公學校，給日常會話不使用日語的非日本人子弟就讀。總督府在表面上強調對日本本土與台灣「一視同仁」，並且大肆宣傳「內台共學」。但是，日本人子弟與非日本人子弟間的差別，只要看看非日本人子弟所面臨的巨大障礙，就會知道了。

「如果在路上碰到日本男生，會被他們丟石頭，他們常常欺負我們，辱罵我們是『清國奴』（チャンコロ）。我哥哥有一次為了保護我，因此和日本人小孩吵起來，被他們打到頭都流血了。當時我們對日本人的反感，是出於在台灣的實際生活經驗，我們從每次的體驗和見聞中累積了不愉快。」

當時，日本人常常輕蔑地稱呼對方為「清國奴」，而且不只是對大陸的中國人這樣，就連在殖民地台灣，也是這麼對待理應被當成「天皇的赤子」的台灣人。連小孩子

1　指大日本帝國於一九四一年十二月八日對英、美宣戰前。

之間的吵架，都會說出這種蔑視的用法，可見這些日本人在家裡，口頭上一定常掛著這類詞語。

林麗韞對於她的公學校時代有著以下回憶。

「我上公學校的時候，正是（太平洋）戰爭的前期。我那時候是一年級，學校會告訴我們在台中清水發生地震的時候，有人從倒塌的建築物中救出日章旗（日本國旗），用這類故事來灌輸我們是天皇孩子的思想。不過因為當時還小，還不是很了解為什麼要把日本國旗救出來、這件事有什麼意義。我們反而比較常學一些〈春天來了〉（春が来た）這類描寫自然之美的歌曲，所以對軍國主義的接受並不太深。」

不過就像林麗韞熱心教育的父親一樣，許多台灣人父兄對於殖民地台灣的不平等環境，充滿了不信任和不滿。

「我的父親對於台灣人在台灣只能被當作二等公民、只能被瞧不起，感到非常不滿。例如，從公學校畢業要進入中學校的時候，也有差別待遇。一中、一女是日本人的學校，二中、二女才是台灣人子弟可以去的學校。就算是成績很好的台灣人，也不可能像日本人學生一樣進入好的學校就讀。」

虛構的「一視同仁」

林麗韞兒時在殖民地台灣所經歷的教育，究竟是怎樣的呢？一九一九年時，第一代文官總督田健次郎呼籲要「一視同仁」，也就是去除日本本土與台灣之間的差異，並在一九二二年頒布了新教育令。確實有年長的台灣人，因此對日本殖民時代的台灣教育抱持肯定的看法。奇美實業的創辦人許文龍就曾說：「的確，日本人是為了自己的利益，同時也是為了做給全世界的人看，才會為了台灣的統治煞費苦心，也完成許多卓越的工作，但這同時對台灣人而言，也是十分幸運的。」小林善紀的漫畫《台灣論》便是借助這種說法，來讚譽台灣總督府對於基礎建設和教育的貢獻。

確實有不少在日本殖民時代接受教育的台灣人肯定總督府的統治，因此部分日本人動不動就引述這些被統治者所說的「良心統治」等用語，以此作為將殖民統治正當化的根據。

不過，還是要注意的是，基礎教育在殖民地這樣的體制下還得以普及，這才是許文龍等人所肯定的，他們並沒有否定在統治者與被統治者之間，確實存在著差別的鴻溝。就像許文龍自己所說的，「日本人是為了自己的利益，才會為了台灣的統治煞費苦心」，對於日本當局而言，把台灣人教育到「足堪驅使」的程度，這件事本身並不違背日本的利益。

以下的數字說明了殖民地台灣的日本人優先政策。即使在戰爭局面對日本不利的一九四四年，因為「學徒出陣」而使得日本人學生的比例相對減少，在台北帝國大學的文政學部中，日本人對台灣人的學生比例仍是是三〇對二（「學徒出陣」前的一九四三年是一六四對三），理學部是四〇對一（一九四二年是一五五對二），工學部是四七對二，農學部是七四對〇，除了醫學部的七七對八〇之外，台灣人學生的人數甚至不到日本人的十分之一。日本戰敗時，台灣的人口比例是台灣人六百萬人對日本人三十二萬人，即台灣人占壓倒性的多數，因此可見總督府所標榜的「一視同仁，內台共學」口號，確實只是「口號」而已。

在小林善紀的《台灣論》中，被介紹為「李登輝從學生時代開始的盟友」的何既明，雖然感謝日本當局的教育，不過他也說：「在日本統治的時代，不管再怎麼努力，也不可能和日本人拿到一樣的成績、擔任一樣的職位。」

如果把林麗韞和何既明所說的話，再加上林金莖的話一起考慮，就會看出當時存在於台灣社會的另一個側面。在台灣南部的偏僻鄉下出生、長大的林金莖，說他「在台南一中參加考試的時候，父親告訴他『日本就快要輸了，去日本學校念書也沒什麼用了，你就跟著我學漢文吧。』當時，除了日本的教育之外，由家長自己教導小孩漢文，也算是一件滿常見的事。」林金莖的父親是台南著名的傳統漢學詩人林泮（林芹香）。兄長林精鏐（戰後改名為林芳年）則是日本殖民時代「鹽分地帶文學」的重要作家，也在《文藝台灣》、《台灣文學》等期刊發表過作品，因此名列「北門七子」之一。林金莖八歲時進入佳里興公學校就讀，畢業後，因為父親告訴他日本不久之後就會戰敗了，所以並未參加中學的入學考試，而是於一九四一年考上佳里興公學校的教師，並於隔年成為正式教師，擔任「準訓導」

台灣文藝聯盟佳里支部於1935年在台南縣佳里公會堂舉行開發會式之合影。坐者左一為張深切，左二為葉陶，兩人之間小孩為楊逵長子楊資崩，左五是林茂生。立者前排右一為吳新榮、右二是王登山、右七是郭水潭，此三人皆屬鹽分地帶文學「北門七子」。立者後排右一為林精鏐（林金莖長兄），與右二的徐清吉也同為「北門七子」。

一職。又於一九四三年通過文官考試，被任命為判任官，也就是台灣總督府編制下的基層官僚，並於該同結婚。

「在鄉下很少接觸到日本人。有一個性格很壞的日本人巡查很討人厭，不過沒有什麼被日本人欺負的記憶。可能是因為這樣吧，我不會討厭或是怨恨日本人，但是很清楚地認知到日本人和我們台灣人之間的確有難以跨越的鴻溝。李登輝先生說他『在二十歲以前是日本人』，我完全沒有這種意識。一直到戰爭結束之前，我都認為自己是殖民地台灣的人民。我受過當時的教育，因此對天皇陛下有一定程度的崇敬之心，也要背誦教育敕語，所以我知道自己是日本殖民地的人民，只不過完全不感覺自己是日本人。而在日本殖民時代，我也不覺得自己是中國人。只有在戰爭結束後，有個印象是我告訴自己：從今天起就是中國人了。」

林金莖生於一九二三年，正好比林麗韞年長十歲，與李登輝屬於同一個世代。而且與林麗韞等人不同，他沒有經歷過殖民時代的城市生活。

從他的話中，可以看到幾個面向。

首先是當時的台灣人傾向於盡量讓自己融入殖民地體制的價值體系中，達到自我實現的目標。對於殖民地體制下的台灣人菁英而言，為了要發跡、出人頭地，這是理所當然的事。而在台灣人力爭上游的過程中，切身地感到日本人與台灣人之間橫著一堵無法跨越的高牆，於是或多或少對日本的統治感到不滿。

另外一點是，雖然有些台灣人會直接與日本人發生摩擦，並累積了對日本人的不滿、甚至是敵意，但是也有些台灣人不曾與日本人發生摩擦，一直在漢民族的傳統生活環境中生活。他們對於日本人沒有很強烈的敵意，還是很重視祖先傳下來的傳統觀念，對日本的價值觀則不太重視。

雖然也有個人差異，但筆者認為他們對日本統治者和當時的日本殖民社會所留下的印象及距離感，在戰後又與對統治台灣的中華民國的印象及距離感，微妙地攪在一起。這些心理因素跟每個人的自尊和每個人心目中的自我形象，甚至每個人心中的自戀心態也有既直接又密切的關係，深刻影響了每個人的自我認同。

希望擺脫「次等國民」的身分而遷居神戶

林麗韞一家在她念公學校二年級時，從台北搬到神戶。

林麗韞表示「當時日本本土的台灣兒童很少，而且散居各地，所以不可能有像公學校這樣，專供台灣小孩就讀的學校。所以我們這些台灣人子弟就可以和日本人上同一所學校。我父親對總督府不加修飾的差別待遇很反感，他認為如果我們繼續留在台灣，就只能上比較次等的公學校，但如果去日本的話，至少可以和一般日本人上一樣的學校，所以決定搬去日本。」

她接著又說出自己的不滿：「最近，聽到有一些台灣人說『日本時代很好』之類的話，但我知道日本殖民時代的痛苦，所以我對於這些發言感到不可置信，也無法理解。我認為不該忘記那個時代的屈辱，同胞們在那個時候曾因為異族的差別對待而受苦。」

關於這一點，有人指責戰前的日本和戰後的中華民國對台灣的統治「什麼都不好」，林金莖對於這種感情用事的指責也無法表示贊同，他表示：

「最近，為了全面否定國民黨戰後在台灣半個世紀以來的統治，有些台灣人，明明自己不是（統治階層的）日本人，卻老是把『日本的統治非常卓越，戰後的國民黨統治不行』掛在嘴上。他們也許想用這類發言討日本人的歡心，同時讓自己取得與日本統治者同等級的（精神）地位吧。但是，如果讓生於、長於日本殖民時代的我來說一句話，只是一味的否定戰後，而認為戰前什麼都好的話，結果等於是自己承認『台灣人是呆子，只是個無能的民族，當然會被異民族統治』。在我看來，就算是日本人，其實內心也看不起這群人吧！我一方面對日本人之間廣為流傳著這種對台灣人的誤解和偏見一事感到很擔心，另一方面也憂慮台灣人失去了應有的自尊心和自信。」

林麗韞一家住在神戶的海岸通，這裡住了許多從台灣來的人。對於林水永來說，他在台北經營貿易時就常往來神戶，這裡是他很熟悉的城市了。

「我們在一九四〇年的春天在神戶展開新生活，當時正是櫻花盛開的新學期。神戶是個大港都，我看到停了那麼多船，感到很吃驚。有一次，一個船員對我說：『讓妳坐船看看吧』，就讓我上了船，在神戶港裡繞了一圈。」

就算是戰火正熾、最黑暗的時期，神戶還是有著港都的開放氣氛。

關於當時台灣人在日本國內的狀況，與林麗韞於同時期住在神戶的陳舜臣在他窮盡半生寫成的自傳《路途中》（道半ば）一書中，有如下的描寫：

「也不能說對中國人和台灣人完全沒有差別待遇，不過應該沒有那麼嚴重。如果問從台灣來的人，他們會說在台灣的差別待遇是相當嚴重的。而在神戶，就算想差別對待，人數也沒有那麼多，有許多人已經融入日本人的生活之中了，問題應該不算很嚴重。」

陳舜臣自己是在神戶出生，而原籍是他父親的故鄉台北新莊。陳舜臣一家當時也住在神戶的海岸通。林家和陳家後來走得很近，此點將於後述。

戰時日本的台灣人社會

林家搬到神戶的隔年，太平洋戰爭就揭開了序幕。林家與故鄉台灣的往來，也隨著戰況的惡化而愈發困難。林麗韞還記得父親冒著生命危險返鄉的事情。

「在搬到日本的第二年，戰爭就爆發了，我們也沒法再回台灣。祖母病危的時候，雖然明知美國的潛艇會攻擊日本的運輸船，父親還是冒著生命的危險返回台灣，見了祖母最後一面。」

在那個時候，連結日本和台灣的航路被視為國內航路，往來於神戶和基隆之間的船隻，是從靠近海岸通四丁目的中突堤碼頭發船的。雖然在家附近就可以搭船回台灣，但是除了林麗韞的父親之外，林家的其他人都一直到戰後才回去。

雖然身處在日本人的社會中，但是林家內部的生活完全按照在台灣的生活。

「我的母親是傳統的家庭主婦，一邊做家事，一邊等丈夫和孩子們回來，出門也頂多在附近買買東西。母親在台灣的時候完全沒有學過日語，因為對日本抱著反感，所以也不和日本人積極往來，雖然搬到日本了，但也還是處在台灣人的社會中，所以母親仍不太會說日語。」

陳舜臣的母親也住在同一條街，她也不太說日語，都是用閩南語交談。

林麗韞還說「我到今天閩南語都還講得很順，就是因為住在神戶的時候，只要回家就是閩南語的環境，食衣住也全部是依照閩南的習慣。在家裡，父親會教我們中國傳統的《三字經》和《百家姓》。我們雖然是在日本生活，但是幾乎沒有改變台灣的生活習慣。雖然日本在台灣強力推動皇民化政策，但是也不可能把台灣人變成日本人吧。」

遠渡大陸的各類台灣人

台灣社會的深層是由漢人文化所支配的，外來的日本文化可以說是透過強權規範社會秩序的制度。

「我的父親和母親都對日本人的蠻橫非常反感。因為受到日本人無禮的侮辱，才更加強了他們身為唐山人的自尊心。」

從林麗韞的話中也可以理解，對於日本的殖民統治感到反感的台灣人，自然而然地感到無法拋卻對父祖之地中國大陸的情感，甚至心中更為憧憬了。

一九三六年在台灣發生的「祖國事件」，就是極具象徵意義的事件。該年三月，在台灣甚具地位的林獻堂前往上海考察時，在演講中提到「我回到祖國了」。五月時，自翊為「模範殖民地報紙」的《台灣日日新報》批評林獻堂是「非國民」，之後日本軍方還雇用暴徒襲擊林獻堂。這就是「祖國事件」。林獻堂是民族運動家，即使在日本統治之下，還是繼續使用漢文，在殖民時代的台灣為議會設置請願運動而奔走。直到戰敗之前，日本政府都一直試圖對他進行懷柔策略，例如選他為貴族院敕選議員。

也有不少台灣人對日本的殖民統治感到憤慨，因而親身遠渡大陸，以中國人的身分圖謀台灣的解放。例如：被蔣經國提拔為副總統的謝東閔、早稻田大學畢業後便赴美，成為中華民國外交官的黃朝琴、在巴黎留學時加入青年黨，戰後因對抗國民黨的獨裁而投入新政

為了抵抗日本的殖民地支配而遠渡大陸的台灣抗日青年。左起為張我軍、連震東（連戰之父）、洪炎秋、蘇薌雨。（徐宗懋提供）

黨運動的李萬居，以及戰後擔任了中華民國內政部長等職的連震東等人。他們戰時投向重慶的蔣介石政府，許多人在戰後又成為中華民國政府的台灣接收團成員，回到台灣。

連震東的父親是《台灣通史》的作者連雅堂，他也因為厭惡日本對台灣的統治，而與家人一起遷居大陸，終其一生都留在那裡。

南京情報組長彭盛木接受軍統局長戴笠的祕密指令，以祕書的身分接近汪兆銘政權的幹部周佛海，收集汪政權與日本往來的相關情報。

戰前就一家移居大陸並創設抗日組織「華聯通信社」的謝南光，在日本投降後被任命為中國駐日代表團的委員，派駐日本。後來轉為支持中共，擔任中日友好協會的理事，並被任命為全國人大代表。

這些人當中，也有些因為國共兩黨的對立和戰後台灣的混亂局勢而死於非命。例如李友邦，黃埔軍官學校的第二期生，在學時組成了「台灣獨立革命軍」，在戰後，便以共產黨間諜的罪名在台灣被處死。或如宋斐如，《人民導報》社長，曾在北京大學就學，也擔任過國民黨台灣省黨部幹部訓練班的教育長，在戰後發生的二二八事件中，不幸罹

謝南光。（徐宗懋提供）

難。

另外，中共的長征軍中也有台灣人。蔡孝乾在一九二八年投向當時以江西瑞金作根據地的中共後，參與了長征，在戰後又回到台灣，幫助發展中共的組織。之後被國民黨逮捕，輸誠後擔任中央情報機關的少將。

楊春松於一九二六年向武漢的中共辦理入黨，並在隔年回到台灣，投入農民運動。數次被逮捕之後，又在一九三八年前往日本，戰後則奔走於「華僑聯合會」和「台灣同鄉會」的組織化。一九五〇年韓戰爆發時，麥克阿瑟司令部在日本實行清共，楊春松因此密謀協助需轉入地下的日本共產黨員偷渡到大陸，其中包括日共總書記德田球一和野坂參三等人，並協助成立日共主流派的最高指導單位「北京機關」。

不過，以大陸為目標的台灣人，也

楊春松（左）。（徐宗懋提供）

不是全部都因為對祖國的愛，而夢想著台灣的解放。有些是在滿洲國或汪兆銘政府這類日本傀儡政權中獲得拔擢的台灣人，例如曾任滿洲國外交部總長、該國駐日特命全權大使的謝介石。

除此之外，也有已經不對祖國抱持希望的台灣人。在明治大學就學，並於一九一七年擔任湖南省立政治研究所主任的林呈祿，就早早地對祖國斷念，離開大陸回到東京之後，全力投入台灣的民族運動。林呈祿參與了無數運動，如台灣文化協會、台灣議會設置請願運動等，可以說對日後「台灣意識」的形成發揮了莫大的作用。

還有像《台灣人四百年史》的作者史明（本名施朝暉）這樣的例子。他自早稻田大學畢業之後，遠渡大陸支援中共的抗日戰爭，但又在「確認台灣人與中國人不同」之後，從大陸逃回台灣，之後在日本展開台獨運動。

另外還有一九五四年投奔大陸後，擔任中共對日宣傳月刊《人民中國》的編輯林台元（林順三）。他於一九五七年自大陸返回日本後，加入廖文毅主導成立的「台灣共和國臨時政府」，後來擔任末代「大統領（總統）」。一九七七年一月七日林台元過世，「台灣共和國臨時政府」便宣告結束。

疏散、空襲、終戰詔書——日本走向戰爭的結束

太平洋戰爭因為一九四一年十二月八日的珍珠港事件而拉開序幕，但因為日軍在一九四二年六月的中途島（Midway Islands）海戰慘敗，使得情勢大為傾斜，之後，日軍於一九四三年二月由瓜達康納爾島（Guadalcanal）撤退，戰局完全逆轉，美軍也開始展開對日本本土的大規模攻擊。擁有大量造船廠、於一九四一年達百萬人口的神戶市也疏散了許多市民，人口一時減少為三十八萬人，也就是開戰前的三分之一。

林麗韞一家也疏散到神戶北端，翻過六甲山之後、山間延伸的農村地帶。

「一開始是學童先疏散到京都的鄉下，後來就一家人一起疏散到神有電鐵（現在的神戶電鐵）大池站附近的農村。有幾個台灣人家庭修建了像是臨時木屋一樣的房子，搬到那裡，所以我們過去寄住。大家的房子都在空襲中燒毀了，吃的食物也很缺乏。還好我的父親是農家子弟，所以帶領疏散的大家在鐵路旁的荒地種一些南瓜和豆類，挨過饑荒。」

大池是神戶電鐵有馬線沿線的小車站，位於現在的神戶市北區，當時是一個偏僻的農村。她口中當時的情景，和日本人對戰爭的回顧並無二致。

一九四五年三月十七日的神戶大空襲，林麗韞一直到現在都還記憶猶新。

「大轟炸過後，神戶的街道陷入一片火海，街上不斷有煙竄出來。剛好那天我父親到神戶市區去了。我拿著母親準備的食物，哥哥牽著我的手，一起去找父親。我們沿著神有電車的鐵軌，步履蹣跚地走了兩小時，胸口漲滿了不安。那時候我十三歲，哥哥十八歲。」

她用帶著一點關西腔的日語描述戰爭時的體驗，讓人聯想起動漫《螢火蟲之墓》中的一幕——因為主人翁的神戶腔也是讓人印象深刻。

「被轟炸後的市區到處都是一片焦黑，也都還在冒煙。這裡那裡都找過了，還是沒有看到我父親。燒死的人旁邊橫倒著被炸飛的斷垣殘壁，真是難以形容的恐怖。還好父親在一開始空襲的時候就逃到山裡了，讓人鬆了一口氣，但是那時候只是覺得非常恐怖。在戰爭之前，是沒有分華僑或是日本人的。」

限於篇幅，本書只收錄了一部分，不過當她回憶起日本的生活時，戰爭時的經歷，像是在疏散地所發生的事情，其實占了相當一部分。從吃的東西開始，到她們一家在疏散地委身的房子，甚至是與哥哥說的話，她的說明鉅細靡遺到令人驚訝的地步。戰時的話題充滿飢餓之苦和轟炸的恐怖，和兩岸關係或日中關係等微妙的問題都沒有關係，是一個超越了民族和性別的普遍性話題，所以從當時的她——一個小女孩——的眼中看出去，應該是最直接的觀察、最真實的描述了。她的回顧和筆者雙親所經歷的倚靠鄉下的親戚疏散、筆者祖父所說的「後方兒童」的故事十分類似（筆者的祖父是國民學校的老師，在戰時率領學童疏散）。傾聽她的故事時，筆者的腦海中不時浮現從前聽著長輩不擅言詞、片段描述的情景。筆者對於戰爭的想像。應該就是從那個時候開始，筆者也因此對她感到某種親切感。

她接著描述自己的回憶：

「父親以前就說，並不是所有的日本人都是壞人，也有許多體貼親切的日本人，不過以前我並不是很理解。是在學童疏散時，有一位老師覺得我不在父母的身邊一定很寂寞，所以特別擔心我、很親切地照顧我。那時候我才覺得，原來真的像父親所說的，也有不會欺負台灣人、很親切的日本人啊！」

林麗韞說「戰爭的體驗也影響了自己的日本人觀」。她說，之後到了大陸，在翻譯毛澤東和周恩來的話——「在戰爭中受害的不只是中國人民。被少數的日本軍國主義者推向戰爭的日本人民，也是莫大的受害者」——時，她回想起自己在神戶所經歷過的戰爭。因為自己的經驗，才感到可以理解這番話。

「一直到現在，部分日本人還是不時想要扭曲戰時的歷史，那時我就會想：身為日本人，可以忘記那段悲慘的經驗嗎？犧牲了這麼多日本人，可以讓他們的犧牲白費嗎？」

平常總是很爽朗的她，在談到戰時的話題時，眼角也濕潤了起來。

在一九四五年八月十五日，大日本帝國接受波茨坦宣言，無條件向聯合國投降。在疏散地的林家也聽到了昭和天皇將要在廣播中宣讀終戰詔書的預告。林麗韞也和父親、哥哥一起在收音機前面。

「不知道是不是因為收音機的收訊不好，我只聽得到雜音中像是在哭泣似的微弱聲音。但是父親和哥哥好像馬上了解了廣播所說的話，很高興地大聲喊著：『戰爭結束了！日本輸了！』我才知道原來日本輸了、戰爭要結束了。」

父親把帶到疏散地的祖先牌位排開，開始進行傳統的祭拜。一起疏散過來的台灣人家庭也互相分享著喜悅。「當天皇在廣播中宣告日本戰敗時，一家之長就開始進行傳統的祭拜」，這個動作和侯孝賢導演的電影《悲情城市》中開場的那一幕如出一轍。當時大部分的台灣人家庭也許都是像這樣，把日本戰敗的消息傳達給祖先。

「戰爭已經結束了！」

一起在疏散地艱苦熬過來的台灣同胞們，手拉著手一起分享喜悅之情，且胸中滿溢著放鬆的感覺。林家就在六甲山背面的疏散地，迎來了戰爭的結束。

變成「中國人」的「台灣人」

戰爭結束之後，疏散的台灣人紛紛回到神戶市區。林家的落腳處是國鐵東海道線一段高架下的倉庫。當時的紀錄中記載林家的住址是「生田區北長狹通七丁目一五六號」，在戰後不久，這裡就成為黑市猖獗的地區。

「到處都有美軍駐日盟軍（GHQ）在巡邏，之後便常看到被稱為伴伴女郎（pan-pan）的娼妓和混血兒，情況十分混亂。不過，社會的氣氛和日本人的表情都顯得十分放鬆。高架下到處都聽得到美空雲雀的歌，像〈青色山脈〉（青い山脈）就是一首很讓人懷念的歌。」

台灣人過去被教育成「天皇的赤子」，但是日本的戰敗也讓台灣人的身分產生戲劇性的變化。既然大日本帝國接受波茨坦宣言，根據開羅宣言的同意事項，台灣便委交至中國戰區最高司令官蔣介石之手。接著成立了台灣省行政長官公署，任命陸軍上將陳儀為行政長官兼台灣省警備總司令。

一九四五年十月二十五日，陳儀接受末代台灣總督安藤利吉的投降，宣示台灣本島和澎湖群島劃入中華民國的領土，完成了台灣光復。因為台灣的光復，台灣人成為中華民國籍。中華民國行政院於一九四六年一月十二日發布第一二九七號訓令，回溯到代表台灣光復一九四五年十月二十五日，讓台籍人士回復中國籍。在日本的華僑社會也接納台籍同胞為新成員，並稱他們為「新華僑」。不過，住在日本的台灣人還無法立即回復中國籍。

根據日本厚生省的統計，在戰爭結束後，日本的外國人有一九〇萬人，其中包括在日朝鮮人約一五六萬一三五八人，而中國人約九萬四一九人。所謂的中國人包括大陸各省籍的五萬六〇五一人、台灣籍的三萬四三六八人，而其中出身大陸的人之中，約有四萬人是在戰爭末期從華北地區被強制徵召來的勞工。

1945年10月，拿著國旗歡迎國軍的台灣學生。（徐宗懋提供）

之後，原本在殖民地的人民和出身大陸的人民，開始利用日本的撤僑船正式撤回本國，因此在一九四六年五月至一九五〇年十二月之間，出身大陸的四萬三四三六人和台灣出身的二萬四四〇六人回到故土。其中大部分是日本在戰前徵召的台灣人、被強制帶來的勞工，或是戰俘等，基於其他理由而非本人意願來到日本的人民。

而在戰前因為遷居或留學等目的而來到日本的人，也掀起一波歸國熱潮。陳舜臣便是在一九四六年三月，與弟弟陳敏臣一起回到台灣，李登輝也是在這個時期回到台灣的。

GHQ在一九四五年十月三十一日的備忘錄中，對聯合國、中立國、敵國做出定義，其中將中國歸類為聯合國，但台灣卻不是同一個分類。在同年十一月一日給GHQ聯合國最高司令官的「為占領及管理日本投降後初期的基本指令」中，雖然將台灣人認定為中國人，但仍將其視為「解放國民」。

中華民國政府在一九四六年六月二十二日公布了「在外台僑國籍處理辦法」，主要對象是居住在日本和朝鮮半島等地的在外台灣人，並發放華僑登記證，透過這些措施，明確指出如何認定在日台灣人的國籍。而在一九四七年二月二十五日，GHQ的「中華民國人民登錄備忘錄」追認中華民國政府的行政命令，並通告日本政府，終於確認要實施讓擁有台灣籍貫、居住於日本的人民，回復為中國籍的措施。出身台灣的人民因此得到「聯合國人民」的地位。

但是，在討論日本領土主權問題的《舊金山和平條約》於一九五二年四月二十八日正式生效之前，日本政府不承認法條上所提到的舊殖民地之領土歸屬問題，也不承認台灣人是中國人。等到該條約第二條「日本國放棄對朝鮮及台灣的所有權利、權限與請求權」生效之日，日本才承認台灣人喪失日本國籍，恢復中國籍。在這段空白期間，如台灣人、朝鮮人等出身舊殖民地的人民，「不是聯合國或中立國的人民，但也不是日本人」，所以出現了「第三國人」的用法。許多台灣人不喜歡這個用語，他們自稱為「台灣省民」。

華僑社會因國共內戰而產生動搖

在戰爭結束後，日本人和華僑社會都必須馬上面臨生活的重建，而生活安定之後，子女的教育便成為下一個迫切的問題。神戶在戰前就有華僑學校——中華同文學校。神戶華僑學校的起源是神戶華僑同立學校，這是因應梁啟超在一八九九年的呼籲而成立的。在一九四五年六月五日的大空襲中，中華同文學校的校舍和教材全部化為焦土，與神戶市協調的結果，決定借用兵庫區大開小學校的一部分校舍，重新開始上課。

戰爭結束時，林麗韞是中學二年級，她和哥哥一起上中華同文學校。對於這些中華同文學校內從台灣來的「新華僑」而言，「國語」（中國話）和平常習慣的閩南語是完全不同的語言。

「從戰前到戰時，台灣人都被視為日本人，所以不會去上只有中國籍孩子讀的華僑學校。大部分在日本的台灣人雖然會講閩南語等方言，但是完全不會講中國話。同文學校為這些台灣人子弟開設了特別班，我也在那個班上，每天練習『ㄅㄆㄇㄈ』等注音符號。經過半年之後，就可以聽懂和說中國話了。」

學會中國話之後，她漸漸開始對中國的歷史感興趣了。

「學校的歷史課讓孩子們開始思考祖國的歷史，尤其是鴉片戰爭之後，帝國主義列強的侵略、過去百年來的近現代史，和收復

1999年在神戶中華同文學校創校一百週年的紀念儀式上，台聯會會長（同時也是該校校友）楊國慶（右）急忙趕到。（徐宗懋提供）

台灣的意義等。現在想起來，是在上了同文學校之後，以前在家中所受的教育才轉化成系統性的歷史認識，以及對中華民族的認同。」

在華僑學校遇到的中國人教師也對她有極大的影響。

「李萬之校長和李蔭軒老師帶給我很大的影響。尤其是教歷史的李蔭軒老師是從唯物主義的觀點教歷史。在那個時候，我也會去圖書館，把老師和同學推薦的魯迅等人的小說借來看，看得入迷。魯迅的小說對我的影響很大。還有不記得在哪裡印的艾德加・史諾（Edgar Snow）的《紅星照耀中國》（又名《西行漫記》，*Red Star Over China*）等書，我也讀過中文版。」

班上還曾經有一個人，不知在哪裡拿到毛澤東的《新民主主義》，也帶到班上來讓大家輪著看。

從林麗韞的話中，可以感受到華僑學校如家庭一般的氣氛，也可知在當時的華僑社會中，廣為瀰漫著左翼的思想。

二二八事件帶給僑界的衝擊

左翼思想之所以在戰後的華僑社會非常風靡，除了因戰後日本的社會風氣十分能夠接受左翼思想之外，國共兩黨的對立也是原因之一。當初，受美國全力支援的國民黨不論在軍備、資金或統治面積上，都大勝中共，但是因為國民黨的腐敗和內鬥，大陸戰線最後還是漸漸傾向對中共有利的局面了。

大陸的混亂也直接被帶到台灣。原本因光復而十分歡喜的台灣居民，後來漸漸因為從大陸來接收的官僚腐敗不堪、國軍的軍規不嚴，以及因大陸經濟蕭條而引發的惡性通貨膨脹，開始變得怨聲載道。

因為對光復的期待很高，相對的失望也特別大。台灣人的不滿和不信任更加深了「被祖國背叛」的感覺，於是發展成一九四七年二月的二二八事件。

二二八事件帶來的衝擊徹底撼動了海外的台灣人社群。尤其是神戶的華僑社會除了來自廣東省和浙江省等大陸各地出身的華僑之外，從戰前開始，就是台灣航路的據點，而且從以前開始，就有很多當時被稱為「新華僑」的台灣人，所以受到的撼動特別大。因為二二八事件所受到的衝擊，開始有人暫緩返回台灣的計畫，甚至對國民黨不再抱有希望，或是期待由中共解放台灣。

林麗韞分析當時的心情是：

「對國民黨感到失望的台灣人開始向中共靠攏，這與其說是因為對共產主義產生共鳴，不如說是基於台灣人的鄉土愛和民族感情。當時我還不是很了解共產主義，但是就覺得國民黨沒救了，一定要中共才能拯救台灣。也可能是因為我的父親和共產黨走得很近，但現在已經無法證實了。不過，當時響應日本共產黨的宣傳而加入共產黨的台灣人，應該是不少。」

林水永與共產黨的關係究竟為何，不得而知。不過，在台灣的親戚也說林水永戰前在台灣生活時，就曾經受到特高警察的跟蹤，所以也懷疑他和台灣共產黨[2]有關。

二二八事件之後，林麗韞在父親身邊曾經見過好幾位因為害怕在事件後受到鎮壓，因而幾乎是偷渡逃來日本的台灣青年。

「在二二八事件發生之後，有一些台灣學生逃到日本，父親接納了其中一些人並照看他們。父親在華僑社會也算是稍有名望的人物，因為他在公開場合批判國民黨對台灣的統治，所以馬上就出現在黑名單上。後來神戶的華僑社會也二分成蔣介石派和毛澤東派，不過台灣人還是受到二二八事件的影響，所以倒向毛澤東派的人好像變多了。」

根據她的回憶，本來對台灣光復感到狂喜的父親，應該是受到二二八事件的影響，後來轉變成公開發表對國民黨的不信任。

神戶中華同文學校校友會發行的會誌《校友會報》創刊號於一九四九年發行，會報

2 指受戰前日本共產黨指示，於一九二八年以「日本共產黨台灣民族支部」為名建立的台灣共產黨。

中刊載了第四期畢業生二十八人的名冊，而其中有電話號碼的畢業生，包括林麗韞在內有七人（也包括兩家是沒有自用電話，而是用應傳呼才接聽的多人共用電話），除了可以窺見林家的興盛之外，也可以看出她的父親林水永在許多方面都很活躍。根據住在神戶的老華僑們所說，林水永除了大範圍地經營纖維製品的貿易之外，也從戰後早期開始，就是左派台灣華僑的代表人物，因為公開批判國民黨而嶄露頭角。

對中共的期待升高

台獨派自己常主張「二二八事件是台獨運動的起點」。這也可以解釋成因為該事件讓台灣人對國民黨感到失望，於是就像是「立刻決定要讓台灣獨立」。不過二二八事件也燃起台灣人對國民黨的憎惡，這種憎惡不只是直線地導向台獨。如果知道當時的狀況，就會發現：當時其實有許多海外和台灣島內的台灣人，希望和中共聯手，打倒國民黨。

在事件之後，也有一些人很幸運地從籠罩著恐怖政治的台灣，逃往大陸、香港或是日本。後來逃到日本從事台獨運動的王育德、同樣逃到日本後自命為「台灣共和國臨時政府總統」的廖文毅、成為直木賞作家的邱永漢，都是在這個時期逃到香港的。共產主義者謝雪紅等人也是在事件後逃到香港。謝雪紅後來成為「台灣民主自治同盟（台盟）」

的主席，投向大陸，與中共一樣以「解放台灣」為目標。

關於當時台灣所籠罩的氣氛，也有角度稍微不同的說法。

在二二八事件時，林金莖以內地公費學生身分，在上海的復旦大學就讀。所謂的內地公費學生是由台灣省行政長官公署教育處招募、派往大陸各地國立大學的台籍學生。第一次招募是在一九四六年，選出了一百人。但其後因為國共內戰的戰況惡化，就未再進行第二次招募了（儘管教育處於一九四八年曾派遣五十名自費生至大陸各地的大學就讀）。遠渡大陸的台籍學生的意識偏向哪一邊呢？林金莖是這麼說的：

「在大陸就讀的台籍學生中，沒有在台灣時就已經投身共產主義活動的人。但是學生當然對正義有憧憬。感受到二二八事件的混亂之後，有些在大陸的台籍學生對國民黨感到失望，因此將希望寄託於中共。我在復旦大學讀書的第三年，共軍逼近長江北岸，其實有很多同學決定『留在大陸，加入中共繼續學業』。老實說，我也不是沒有動心過，可見中共所宣揚的理想是很高的。但是透過大陸的學生運動，我也看到中共殘暴的一面。而最重要的是，我的妻子還留在台灣，所以我還是在一九四九年一月，選擇回到台灣。」

就連當時已婚、在內地升學的公費學生中比較老成的林金莖，都為中共所揭示的理念感到心動。燃燒著理想的台灣青年對中共所提倡的改革產生共鳴，也是十分理所當然的事。在一九四九年之後，戰況確定會由中共取得勝利，當時包括林金莖在內的許多公費學生都回到台灣，但還是有大約半數的公費學生留在大陸。

在最初也是最後的這一百名內地公費學生中，也包括與陳舜臣一起回到台灣的弟弟陳敏臣。他在上海的暨南大學就讀，但在大陸陷入混亂時回到台灣，後來又和哥哥陳舜臣一起返回神戶。

林麗韞的先生彭騰雲（曾經擔任台聯會副會長等職，於二〇一一年去世）也是大陸的台籍公費學生，就讀於廈門大學航空學系，他就是選擇留在大陸的其中一人。聽說後來和陳敏臣還會一直互寄賀年卡。台灣於戒嚴時期，幾乎未曾想起過留在大陸的台籍學生的問題。新華社在一九九〇年報導了這些人的近況，大約在同一時期，這個問題也在台灣省議會被提出來，當時才知道學生中有二十七人還活著。

林金莖對一九四九年初他回到台灣後不久的狀況，是這麼回憶的：

「對國民黨的不滿已經漲到最高點，和我到上海升學前的狀況完全不能相比。就算是往好的說，國民黨的統治也絕對稱不上好的統治，但是對於剛從大陸回來的我而言，比起只有嘴上講得好聽、實際上卻很殘酷的中共，還是比較好的。」

林金莖在上海聽到發生二二八事件的新聞，當時他每天擔心留在台灣的家人是否安全，以及擔憂新生台灣的未來。他甚至還召集公費學生，聯名向蔣介石上書：「因二二八事件，而說台灣已全面投向共產黨的訊息完全不是事實。該事件的導火線是因民眾不堪官吏的貪污而產生的抗議，幾乎沒有政治上的動機。」

「和今天比起來，一九四九年的中共對我們來說，有一種更逼近、更令人恐懼的感覺。那時候，從來沒有聽過要台獨之類的話。在當時，獨派還沒有形成組織性的活動，台灣人之間也大都認為國共內戰的結果會決定台灣的命運。因此，台灣人社會一直盛傳著『中共什麼時候會解放台灣』之類的傳聞。暗地裡也有人期待『中共很快就會到台灣來了，會把國民黨做掉』。在日治時期，總督府徹底取締共產黨，所以台灣人原本是把共產黨視作洪水猛獸一樣害怕的，但是因為時代變了吧，我在旁邊看台灣百姓的反應，反而擔心共產黨是否真的會來呢。」

決定回到大陸

「在當時，神戶有國民黨支部派駐的人員，而位於大阪的中華民國總領事館，也一直在對住在神戶等關西地區的華僑進行監視。華僑學校的讀書會雖不是祕密組織，但是也不能公開活動。」

如同林麗韞所說的，國民黨的血腥恐怖統治，也讓華僑社會籠罩了陰影。

在國共內戰升溫的一九四〇年代後半期，國民黨就曾透過駐日代表團，加強對日本國內反體制派的監視。戰前，神戶是中華民國駐神阪總領事館之所在，本來就有各種國民黨的人脈，當國共內戰的情勢明顯不利於國民黨時，國民黨除了急於向台灣撤退之外，也加強對華僑的工作。

另一方面，華僑學校也明顯受到國共內戰的影響。支持國民黨的一派和支持中共的一派事事對立，政治立場的相左對日常生活帶來了有形無形的限制。

在這裡特別想指出的是，神戶中華同文學校在戰後，並沒有分裂成國府派和中共派（也就是台灣派和大陸派），還是堅

雷厲風行的反共風潮，國民黨在大陸淪陷前，極力肅清共產黨員和反體制派。（徐宗懋提供）

持同時接納雙方學生。而與神戶同樣有中國城的橫濱，卻在一九五二年發生了中華學校內部的紛爭，並在隔年九月，分裂成國府派的橫濱中華學院和中共派的橫濱山手中華學校。在國共兩黨持續對立的環境中，神戶也有國府派和中共派的華僑總會並存，不過在各家庭和教師群的努力之下，華僑學校並沒有全面分裂。而華僑學校的一體性得以維持，也讓包括台籍學生在內的國民黨統治地區的學生，與紅色中國的關係並未完全斷絕。如後文所述，在一九五〇年代中期，亟欲歸國參與新中國建設的歸國華僑知識分子中，畢業於神戶中華同文學校的台灣人就占了相當高的比率，其原因應在於此。

從中華同文學校畢業之後，林麗韞進入神戶市立湊川高等學校，這是因為同文學校是外僑學校，並沒有高中部。林麗韞進入高校時是十六歲，同班的學生比她年紀稍小。而在一九五二年高校畢業時，林麗韞面臨了要回到台灣、留在日本、還是遠渡大陸的未來選擇。在三年前的一九四九年十月，中共已在北京宣告成立中華人民共和國中央人民政府，接著在十二月，中華民國中央政府遷都到陪都台北，兩岸的分裂已成定局。

從林麗韞的立場看來，雖然在故鄉台灣有其他親戚，但是父親名列黑名單之上，她在台灣的安全無法獲得保障。而留在日本，就必須對抗對華僑的差別待遇。另一邊的大陸也有國共內戰和韓戰（抗美援朝）的後遺症等許多問題，不過宣傳中說在毛澤東的帶領之下，新中國正在建設，雖然貧窮，但看起來充滿希望。

在與家人商談之後，林麗韞決定赴大陸繼續求學。那時正是左翼思想在全世界（包括日本）達於全盛的時代。也是因為知識分子對左派帶著善意的言論，讓中共政府看起來更美好。再加上當時的中共對外封鎖，對其不利的言論不太會傳到外部，就算是有什麼對中共提出批判的訊息，也大都被處理成「反動派的反共宣傳」。

在決定回到大陸時的狀況是怎樣，她是這麼回憶的：

「我十五歲時發生內戰，而遠渡大陸時是十九歲。那時正是充滿熱情、想要回國的年紀。」

神戶市立湊川高校的畢業典禮。中央為林麗韞。與其他同屆的學生比起來，稍顯出像大人的樣子。高中畢業之後，她便選擇回到大陸。（林麗韞提供）

父親林水永當時認為，女兒要一個人遠渡大陸這個戰後局勢仍很混亂的地方相當危險，所以面露難色。但是後來不知道從哪兒聽到「人民政府對於華僑留學生十分照顧」之類的話，所以最後還是贊成了女兒遠渡大陸的決定。在北京的保衛世界和平委員會中，台籍友人林良才、柯秀英夫婦將一起到北京工作，他們也可以經由香港與日本取得聯絡，這點也讓父親感到放心。

決定前往大陸後，就要開始準備了。航線是一大問題。在一九五二年，日本與在台北的中華民國政府簽訂了《日華平和條約》，往返於日本與大陸之間的定期船班完全停駛，如果要前往大陸，就要取道香港，不然就是要借乘貨船了。

「父親幫我買了船票。當時，英國的貨船大概是兩天會有一艘，往返於神戶、香港之間。父親寫信給香港的友人，請他在香港的港口接我，並且買好到大陸的汽車票。我在回國申請書上寫著要到台灣，但其實是到了香港之後，就要進大陸了。」

朝向未知的祖國

對林麗韞來說，除了在學童被疏散時曾暫時離開過神戶，打從她自台灣遷居過來之後，這是第一次離開神戶。

「我感到非常興奮。以前只有透過書本了解祖國大陸，所以充滿了憧憬和好奇心。哥哥說了好幾次『真羡慕妳。我是長男，所以不能去』。但是母親好像覺得不知道下次何時才能再和女兒相會，說不定永遠也見不到面了。父親也很了解日本和大陸要取得聯絡或往來是十分困難的。從我決定要出發之後，母親每天以淚洗面，就連幫我準備行李時，都不能停止哭泣。」

和現在不一樣，那個時候在日本、大陸之間，不要說電話了，連要寄個郵件都是很困難的事。郵件也是以書信為主，不可能隨意寄送包裹。寄出去的信件常常要花一到兩個月才會寄到對方手上，信到底是寄到哪裡、什麼時候才會到，可說是只有天知道。

看著因為要分離而倍感落寞的母親，林麗韞的決心也曾經動搖過。她說：

「當然我也感到依依不捨。如果母親再顯得悲傷一點的話，可能我就會放棄回大陸的事。母親應該是覺得再過兩年，我就可以嫁人了。但是因為父親支持我，所以最後還是可以堅持我的決定。」

林麗韞強調，最後讓她決定回大陸的關鍵性因素，是因為華僑在日本社會所受到的待遇，以及建設新中國的夢想。

「最後，我決定離開這個對華僑有差別待遇的日本，回國去作一個真真正正的中國人，這個決心在我的內心取得了勝利。我們這些華僑學生，對毛主席在建國宣言中所說的『中國人民站起來』這句話，打從心底受到感動。我想要參與新中國建設的夢想是不會被澆熄的。」

要搭船離開的那一天，擠進了近百人來送行，包括父母和學校的老師、同學等在內。在碼頭上，就停著英國的巴特菲爾德（Butterfield）公司的小型貨船「山西號」。「有一、兩百位要回國的人搭那艘船，也有許多是台籍的學生或同鄉。大家雖然都各自為了求學或工作等不同的目的回國，但大家都是準備要參與祖國建設的。十九歲的我是其中年紀最小的。」

林麗韞強調是「因為熱情的驅使而回國的」。不過，像她這麼爽朗而優秀的女性，就算留在日本，應該也可以超越性別和國籍的限制，獲得出人頭地的機會吧？

「對於回國沒有任何猶豫嗎？沒有考慮過留在日本發展嗎？」

對於筆者多次提出的這個問題，這些決定回國的人，其中也包括林麗韞，都回以：青年時代的夢想，便是能夠在祖國發光發熱。對於新生祖國的憧憬和對自身尊嚴的渴望，是如此的熱烈。在北京採訪過的幾位台籍外交官，幾乎都異口同聲地說過這件事：

「當以中國外交官的身分到日本赴任，在各種場合受到日方人員謙恭有禮的招待時，就會回想起以前在日本，受到對台灣人和華僑的蔑視，那種氣憤的感覺，因此覺得十分感慨。」

如果把驅使她的熱情和這番話合在一起看，便可以感受到台灣人對強大而有尊嚴的祖國，具有無比的渴望。

波濤洶湧的台灣海峽：遙望台灣，誓必返鄉

那艘開往香港的貨船，船長和船夫是汕頭人，都會講潮州話。潮州話和閩南語的發音很類似，林麗韞透過簡單的會話，很快就和船夫們熟稔起來。船員們也很照顧乘客中年紀最小、個性爽朗的她。

「我因為暈船而吐得一塌糊塗，船員看不下去了，還拿暈船藥給我吃。船駛過台灣海峽的時候，船員指著海的另一邊告訴我，『妳的故鄉台灣在對面。』海上一片朦朧，他指的地方什麼都看不見，但是我在心裡告訴自己：『雖然我先回大陸，但是總有一天我會回台灣的。』」

我父親的朋友到香港的碼頭接我，一直送我到羅湖的邊界坐車。

「我到了深圳車站，看到五星旗在風中飄揚，頓時感動得熱淚盈眶。雖然有很多同胞支持新中國，但是當時的日本還與蔣介石他們保持外交關係，所以那時在日本不被允許公開懸掛五星旗，就連國慶日也不能把五星旗掛出來。」

她在入境大陸之後，把中華民國政府發行的護照申請換成中國公民身分證，從此之後，展開一位新中國公民的生活。

從故鄉台灣傳來的悲慘消息，和當時對新中國一片光明的印象，是當時住在日本等海外地區的部分台灣人，放棄回台灣的主要原因，所以有不少海外台灣人決定回到大陸。

郭平坦，出生於台灣的中共外交官，曾任駐大阪領事。他以自己在早稻田大學求學時的經驗，這麼說明當時在日本的台灣人的心境。

「不分來自大陸的學生或是來自台灣的學生，大家都以中國留學生的身分，對祖國的將來感到十分憂慮。當然這是出於學生特有的年輕和高度理想化的特質，不過也是因為從大陸和台灣各地聽來的國民黨的腐敗，實在是太嚴重了。只要是正直愛國的學生，都討厭國民黨，也反對蔣介石。我也是台灣人，絕對無法容許二二八事件，也相信唯有排除國民黨，台灣才有可能變好。」

郭平坦於一九三三年出生在台南的富裕家庭，少年時代是在關西的高級住宅區蘆屋度過的。從蘆屋高校畢業之後，進入早稻田大學就讀。他笑著說自己是「有錢人家的少爺」，學生時代每天就是熱中於橄欖球。

「但是在一九五〇年時，我的二姐夫鄭海樹在結婚僅三個月時，就以『中共台南市工作委員會書記』的罪名被逮捕，也讓我的人生完全改變了。父親籌錢想要救他，但是當局表示『如果他不是這麼高階的人還可能救他，不過只要殺了他，我們可以不追究別人的罪。』於是拒絕放人，還把他槍斃了。我看到姐夫的遺物，他在便箋上寫著『相信自有後來人』，這加強了我要打倒國民黨的決心。」

郭平坦的二姐夫鄭海樹（中）因擔任中共台南市工作委員會書記，於1950年遭到逮捕並處死。（郭平坦提供）

傾向中共的他成為中國留日同學會的主席，因為身為學生組織的代表，所以能夠了解其他留學生的境遇，於是更加深了他對國民黨的不滿和不信任。對於當時的華僑學生之間瀰漫的氣氛，郭平坦有如下的說明：

「國民黨代表團賣掉從日本接收來的物資，提供獎學金，但是領取獎學金的條件，卻是要對蔣介石政府忠誠。有許多中國人學生對此感到不滿，也有人寧可打工，也不願接受獎學金。結果，有人因此而不得不中斷學業，華僑學生對國民黨的反感也愈發強烈。國民黨在一九五五年之後派了許多職業學生，在早稻田也有許多，華僑學生對他們都避之唯恐不及。」

動員華僑知識分子建設新國家的計畫

在同一時期，中共政府喊出「建設新國家需要人才」，積極地招募海外留學生，之後又以「海外知識分子歸國參加建設事業」的名義，強力動員知識圈的華僑。中共在這個時期打出促進華僑歸國的政策，對這些已對國民黨感到失望、不知道該何去何從的台灣人及華僑青年而言，十分具有吸引力。

與中國留日同學會的成員合影。前排左起第二人為郭平坦。後方有周恩來、朱德、毛澤東、劉少奇的畫像並列。（郭平坦提供）

留美學生在一九五〇年之後就陸續歸國，其中也有不少台灣人。部分日本留學生也在此時慢慢開始回國，不過當時日本和大陸之間沒有定期的直航航班。尤其在一九五〇年十一月九日，因GHQ的指令而結束支援團體撤僑的工作之後，在日本的外國人就必須以自費方式回國了。也有像林麗韞這樣經由香港前往大陸的人，不過包括在日本的台灣人在內，大多數華僑都焦急地等待著大陸航線的開通。

郭平坦描述當時的狀況是：

「在美軍占領下的日本也有國民黨代表團，不可能明目張膽地前往大陸。不過因為從日本可以自由出國，所以也有人以觀光或探親的名義，表面上先到

郭平坦等中國留日同學會成員發起遊行，要求立刻從韓戰中退出。（郭平坦提供）

香港，或留在香港或視情況回台灣。但實際上卻在取得出國證後，經由香港，隱祕地前往大陸。開往大陸的貨船只要付錢就可以上船，如果有出國證的話，美軍憲兵也會允許你搭船，所以用這種方式的人數也不少。」

不過還是出現了轉機。新華社在一九五二年十二月一日報導了中共政府發言人的聲明，表示中共有意將還在大陸的約三萬日本人送返。而透過日本紅十字會和中國紅十字會的協議，決定以日本紅十字會、日中友好協會、日本和平聯絡委員會作為日方的撤僑交涉窗口，並在一九五三年三月五日，針對還留在大陸的日本人歸國問題，發表了被稱為「北京協定」的對話內容。在該協定中，北京方面要求載送在大陸的日本人回國之後，船隻駛回大陸時也要讓在日本的華僑搭乘，而日本政府也回應了這個要求，決定重新開始將在日本的外國人送返母國。不過北京方面基於「台灣是中國神聖領土的一部分」的主張，如果有台灣人表示希望到大陸，北京方面表示也會與從大陸來的華僑一視同仁。因此台灣人，或甚至是歸國華僑的日本人家屬若要隨行，也都被接受。

以上談判的結果，為包括旅日台灣人在內的華僑開啟了前往大陸之路。日本方面派出興安號（七〇七九噸）、高砂號（九〇〇〇噸）、白山號（四三五四噸）、白龍號（三二〇八噸）等船作為專門撤僑的船隻。而從一九五三年六月二十七日到一九五八年六月二十九日的五年間，這些船總共來往十四次，把要回國的人、和被稱為「乘船代表」的華僑代表們，總計三七五四人，載回了大陸。

郭平坦也曾在回國之前的一九五三年十一月，以在日中國人學生組織代表的身分，作為乘船代表之一遠渡大陸，參加了中南海所舉行的僑務擴大會議。他在那裡見到了負責對日、對華僑工作的廖承志。

「廖承志先生的談話最讓我印象深刻的，是看到當時中國的幹部非常清廉，且誠心誠意為人民奉獻的姿態。因此讓我確認了『中共一定可以讓中國強大，他們對台灣也一視同仁，所以台灣人也可以仰仗中共』。我就是在那時決定遲早一定會回到中國。」

從郭平坦等人的談話中，顯示從中共政府成立到一九五七年為止，有四千多人遠渡到大陸，相當於當時日本華僑總人數的十分

圍繞著訪日的廖承志（前排中央）。後排右一為郭平坦。林麗韞的父親林水永（後排左起第二人）與母親（頭在林水永嘴邊位置的女性）也在照片中。廖承志親和的態度在日本的左派華僑中深受歡迎，提高了華僑對北京政府的好感度與信賴感。（郭平坦提供）

之一，而其中有三分之二是台籍人士。如果只看神戶的華僑，從一九五三年到一九五九年為止，總共有約七百位台籍華僑去了大陸。這些在日本的台灣人之所以不願回台灣而遠渡大陸，除了對國民黨的反感之外，也有一些現實面的原因——當時台灣正面臨高失業率和令人感到透不過氣來的戒嚴管制。

響應返國號召而回國的大陸華僑中，有相當大一部分是在外國生活困難的貧民階級。另一方面，像郭平坦這些在大陸沒有故鄉、來自台灣的歸國者，卻大都為知識分子，戰中或戰後在日本受過充分的教育。他們是知識分子，所以會對理想有高度的憧憬，對於風靡那個時代的左翼思想，也有很敏銳的反應。北京方面開始大肆宣傳「有技術者歸國會享有特別的優待措施」，而戰前的台灣知識分子因為大多數生活在不平等的殖民體制下，所以都會選擇理工科系，這點使得北京方面的需求和台灣人的條件剛好吻合。

正式進行的華僑歸國計畫

利用送日本人回國的船隻搭載華僑回到大陸，這個舉措引起了中華民國駐日大使館的強烈抗議。在此時期隨著台灣人丈夫遠渡大陸的一位日本人妻子林滋子的書中，寫到中華民國政府之所以要抗議，除了於威信和面子有損之外，也是因為「從日本回到中國本土的中國人之中，有相當大的比例是台灣人，這刺激到台灣方面的神經」。

林滋子還指出「從日本外務省的觀點來看，援助在日本的中國人返國，是回應大陸方面的要求。而從當時的情況來看，也等於是交換還待在、或是被扣留在大陸的日本人回國，如果不答應的話，很可能會對撤回日本人帶來很大的阻力。」中華民國政府的抗議並未得到回應，往返於日本和大陸之間、載送僑民歸國的船隻持續航行了五年。

包括台灣人在內的華僑返國計畫，和數年後讓在日朝鮮人回到北韓的計畫，有幾個共通點。在日本的朝鮮人總連合會（朝鮮總連，支持北韓）於一九五九年至一九八四年之間（主要在一九六〇年代），得到日本紅十字會的協助，得以推動在日朝鮮人回國的計畫。金日成也表示歡迎在日本的朝鮮人歸國。雖然南韓對「北送計畫」大力反對，但是從新潟港出發，駛往「地上的樂園」北韓的船隻，總共載送了約九萬三千人，其中包含約兩千位日本配偶。

這裡所謂的類似點，是指兩者都是和日本有密切關係的分裂國家，其中一方以「參與祖國的建設」為口號，將在日的同胞載送回國，而分裂國家的另一方則表示反對和展開阻礙，而且返回的國家都是未建交、也充滿未知的「社會主義祖國」。此事透露出戰後日本的華僑和朝鮮人都很難找出未來的希望，而對社會主義思想懷有強大的憧憬，而且不得不提當時在包括日本在內的民主主義社會中，社會主義普遍擁有強大的光芒。另外，選擇遠渡北韓的在日朝鮮人中，有大半出身包括濟州島的南朝鮮，就像遠渡大陸的華僑中，其實台灣人占了相當的比率。最後，兩者都是必須抱著必死的覺悟回到「未知的祖國」，而且回國之後，又必須在不熟悉的環境中面對激烈的政治鬥爭，可見兩者的共通點的確不少。

不過，從前就曾聽說，前往大陸的人之中也有立刻就回到日本的，不像回到北韓的人只有「單程票」。而到了今天，更是大抵可以自由往來於台灣與大陸兩地之間，和回到北韓後再也無法離開的在日朝鮮人比起來，可說是好得多了。但是，一邊期待著，一邊仍感到各種不安，「何時可以回到日本？可以與日本的家人隨時取得聯絡嗎？」等問題始終縈繞心頭。

與廖承志的相遇改變了命運

郭平坦於一九五六年離開東京都內的居所，為了達成在祖國出人頭地的夢想，與妻小一起前往大陸。

遠渡大陸的華僑會根據各自的出生地被分配工作。如果是學生或是大學畢業生、研究者和專家等知識分子，分配前會先考慮他們的專業。也有的台灣人被分配到較鄉下的工作單位或學校，不過因為高學歷的台灣人相對較多，再加上不可能根據出生地來分配，所以比起其他省分的人，還是比較多被分配在北京等都市區。郭平坦是這麼說的。

「似乎有許多從日本回來的華僑被分派到研究所或是大學。而從嫻熟日語或熟知日本的習慣這個角度看來，包括我在內的許多人，都被分派到對日的工作部門。」

郭平坦在回國之後因為日語能力而受到器重，被分派到中日友好協會的相關部門，擔任周恩來的口譯，因而變得相當活躍。對日工作部門和對台工作部門的中樞

回國後也曾擔任周恩來口譯的郭平坦（左一）。（郭平坦提供）

都在北京，這也促成了台灣人集中在北京等大都市的結果。

較郭平坦提早四年回國的林麗韞，在中共為歸國華僑依其出身、資質、能力做出評價、分配工作學校時，表達她希望到大學就讀的意願。

「回國之後，他們勸我留在廣東工作，但是我說『才不要，我還沒見過毛主席呢』，所以想要去北京。他們大概也沒有辦法吧，所以就讓我去北京了。」

她搭乘火車到了北京，然後又在北京車站換乘馬車，前往教育部的招待所。到了招待所之後，發現它是一幢位於西四的四合院，正擠著滿滿的留學生。

終於到了憧憬許久的北京，林麗韞回憶那時「像進城的鄉巴佬一樣開心，到處參觀，還去了天安門等處」。

「要分派學校或是工作時，首先會考慮家庭的狀況。和我同一組的也有京都大學和大阪大學畢業的台灣人，不過因為他們有家庭，所以被分配了工作。我當時覺得進大學也好，但是工作也可以，不過其他的台灣人學生勸我『妳還年輕，還是先念書比較好』，所以我就決定上大學了。」

要選科系的時候，她想到「民以食為天」這句話，所以選了生物學科，第一志願是北京大學，第二志願是天津的南開大學，而第三志願則是武漢大學。之所以選南開大學，是因為那是她崇拜的周恩來的母校。

她後來通過了學校的招生考試，被北京大學錄取。

「進入大學之後，學校和國家會支付我的生活費，所以不必擔心生活。同學之間的感情很好，不會因為我是台籍的日本華僑，就對我有差別待遇，反而還特別照顧我。因為我是從日本回來的，所以就要我教他們日文歌，還說有不懂的事都可以問他們。逢年過節的時候，也因為注意到我的家人不在北京，就特別照顧我。」

林麗韞強調自己完全沒有思鄉病。看得出她好勝堅強的個性。

剛在北京大學入學的林麗韞。（林麗韞提供）

在她回國的隔年，也就是一九五三年的夏天，有一個大的轉機到來。那天林麗韞剛好在校園中讀書。大部分學生都因為暑假而回家了，所以校園中沒什麼人。

「突然聽到學校的廣播說『林麗韞同學，請到教務處來。』我到了教務處之後，被告知『妳的父親到北京來了，現在正在僑務委員會與何香凝主任會面。妳趕快去見見他吧。』我事先不知道父親要到北京來，於是急急地趕過去了。」

她把寫著「王大人胡同一號　華僑事務委員會」的紙片拿在手上，急忙從北京市郊外的北京大學向東城趕去。在那裡，她除了見到日思月念的父親之外，還見到了何香凝、廖承志母子。原本氣氛寧靜的聚餐，因為年輕的林麗韞的加入，變得熱鬧了一點。雖然只有一年沒見，但是這段期間和神戶的家人無法隨時聯絡。在何香凝和廖承志的關照之下，林麗韞和父親聊天聊到忘了時間。

「用餐結束之後，我送父親去搭前往天津的汽車。我們睽違整整一年，卻只相聚了一天。但現在回想起來，那天和廖公的交談，為我的生涯帶來了巨大的影響。」

與同學一起走訪香山碧雲寺的林麗韞（左三）。（林麗韞提供）

當天與林麗韞的父親會面的何香凝，是廖承志的母親，於一八七八年生於香港。和出生於舊金山的廖仲愷結婚之後，一起住在日本。她畢業於日本女子大學和女子美術學校，因此和日本的淵源是很深的。前文曾提到兒子廖承志於一九〇八年在東京出生，之後進入早稻田大學。廖仲愷於一九二五年被國民黨右派的刺客暗殺，之後何香凝便搬到巴黎，和孫文的未亡人宋慶齡等人，一起進行抗日活動。戰後擔任中國國民黨革命委員會（簡稱為「民革」，這是從以蔣介石為主的國民黨右派分離出來的左派組織）的中央執行委員會常務委員，響應中共所主導的新中國建國路線。中共政府成立之後，因為看重她在華僑界的人脈，所以任命她為僑務委員會主任，和兒子廖承志一起受到重用，是中共僑務部門的核心人物。

與北京大學的同學合影。前排穿著格子外套的是林麗韞。（林麗韞提供）

林水永當時是神戶華僑總會的副會長，他以代表的身分，將花岡事件犧牲者的遺骨送還，因此搭船來到北京。花岡事件是發生於一九四五年六月三十日，在秋田縣大館市郊外花岡礦山的鹿島組[3]工寮中，約有一千名戰時被擄的中國勞工因為不堪長期的飢餓和虐待，爆發起義。但在七月一日即遭到鎮壓，四一八人死亡。戰後遺體被發現後，決定將骨灰送回大陸。戰爭期間，像這樣被強行送至日本做苦役的中國俘虜，大約有四萬名。

林水永把女兒介紹給廖承志時，廖很有興趣地看著林麗韞。

「剛才聽妳父親說，是妳自己很堅持要回到祖國，所以提出一個人從神戶回來。妳在台灣出生，為什麼會選擇大陸呢？」

林麗韞對於廖承志的問題，是這麼回答的：

「台灣一直在國民黨的專制和暴政之下，才發生了二二八事件這類的事。我身為一個中國人，對毛主席所說的『中國人民站起來』這句話十分感動，希望能夠參加祖國的建設，所以選擇回國。」

聽了這番話之後，廖承志笑逐顏開。

3　譯註：今鹿島建設。

「也是有像妳這樣的青年啊！不過妳現在在放暑假吧。想拜託妳一件事，可以當翻譯、來幫我的忙嗎？」

這表示要讓她加入對日工作的行列。就因為這一番話，決定了她的將來。

回國的幼時玩伴——與陳妙玲的重逢

林麗韞是在一九五三年被廖承志叫去「幫忙翻譯」，該年也因「北京協定」的發表，包括台灣人在內的日本華僑可以重新以團體的方式回到大陸。

她因廖承志的要求而前往天津，派任中央人民政府華僑事務委員會（中僑委）的華僑接待機構，擔任歸國華僑的翻譯。

「從一九五三年的夏天開始，與日本

剛展開接待歸國者工作的林麗韞。因為被廖承志發掘，所以林麗韞在回國的第二年加入了對日工作的行列。她是通曉日語的左派台籍人士，對於重視對日工作的北京政府而言，是不可或缺的人才。（林麗韞提供）

的往來愈來愈頻繁，陸續有許多華僑返國。當時回國的同胞中，也有許多不會說中國話的台灣人，所以需要通曉日語和閩南語的人。對於不熟悉祖國大陸情況的同胞，會由中國的幹部說明祖國的情況和政策、工作的分配等，這時我就會在旁邊翻譯。我的翻譯生涯就是從那時候開始的。我在天津的華僑接待機構工作了兩個月。」

林麗韞在天津迎來的第一艘回國船隻，還載了她的姐姐。她的姐姐不久之後也一起投入了華僑接待機構的工作。在同一艘船上，還見到她在神戶的兒時玩伴陳妙玲。陳妙玲是作家陳舜臣的妹妹。兩人從以前的感情就很好，曾同時在中華同文學校學中文。回憶起與她的重逢，林麗韞說：

「妙玲是我們一家搬到神戶時，在神戶尋常小學校認識的朋友。我的父親和妙玲的父親也有交情，除了在學校之外，兩家也常有往來，但在戰時疏散時暫時沒有聯絡。和妙玲感情變好，其實反而是在戰後。」

她與陳妙玲在戰後又成為中華同文學校特別班的同學。如果有背誦中文的作業，兩人就會一起練習，上學放學也都在一起，還一起玩，兩人的關係比在尋常小學校時代親密得多。林家與陳家的往來就從兩家同鄉的父親開始，一直延續到子女之間的同學關係。

在天津與陳妙玲的意外重逢，讓她打從心底高興。「我實在是太高興了。我是從台

神戶時代的林麗韞（前排右）與陳妙玲（前排左）。因為林麗韞在天津的歸國華僑接待機構服務，得以與感情甚篤的兒時玩伴陳妙玲重新見面。陳妙玲原本擔任撫順戰犯管理所的口譯，之後被派任北京廣播電台的日語部門。（林麗韞提供）

灣海峽乘風破浪、經由香港，才千辛萬苦地回到國內，所以我開玩笑地對姐姐和妙玲說：『妳們可好了，坐這麼大的船來。』她們被安排住在當時天津最大的旅館，政府也舉辦說明會，闡明國家的情況、建設的狀況，以及華僑政策，說明會就是由我擔任翻譯。我們一起在天津過了一個月，話好像怎麼講都講不完。」

台籍的陳舜臣和弟弟陳敏臣在戰後回到台灣。陳舜臣在台北縣新莊任教，弟弟陳敏臣則取得台灣省行政長官公署教育處公費學生的身分，去了上海。在二二八事件之後，陳敏臣從上海回到台灣，兩兄弟又一起返回神戶，這段過程已如前述。四年後，換成妹妹陳妙玲以歸國華僑的身分遠渡大陸。這台籍的神戶華僑一家，因為國共內戰、二二八事件以及兩岸分裂等一連串的歷史劇變，也經歷了一番顛簸。

林麗韞和有志一同來到大陸的幼時玩伴陳妙玲變得比以往更親密了。

「暑假結束之後，我就要回大學上課了，姐姐和妙玲就被選為繼任的翻譯人員。妙玲後來被派任到撫順的戰犯管理所。當時那裡有從全國各機構選拔來的日語人才，負責審判和對戰犯進行教育和管理。在撫順的工作結束之後，她就來北京，改擔任對日廣播的工作。」

撫順的戰犯管理所裡除了有許多日本戰俘之外，還有滿洲國皇帝溥儀，和他的弟弟溥傑，兩人都在那裡接受思想改造。陳妙玲從一九五五年開始在「北京放送」（Radio Peking／北京廣播電台，是當時大陸的中國國際廣播電台的對外稱呼），負責處理日本聽眾的來信，並負責回函。

「妙玲搬到北京之後，我們兩家之間的來往變得很容易了。妙玲那時候住在城牆外中央人民廣播電台附近的宿舍。當時的城牆外是一大片田，暗暗的沒什麼燈光，建築物只有蘇聯援助建造的電台大樓和宿舍，以及旁邊的學校。妙玲結婚的時候，我要去參加她的婚宴，還迷路了，問了很多人才找到地方。我懷第一個孩子的時候，她知道我很不擅長縫紉，還用縫紉機幫我做了小孩子的衣服。日後只要她的哥哥陳舜臣先生要來中國，妙玲都一定會告訴我。」

林家和陳家從神戶時期就開始有往來，但是林麗韞卻是到了大陸之後，才見到陳舜臣。

「住在神戶的時候，我沒有見過陳舜臣先生。我念高校的時候他是大學生，是有聽妙玲提起過，不過大概就只有他為什麼要學印度話這種印象吧。」

陳舜臣在大阪外國語大學主修印度語言，畢業後曾經在西南亞細亞語研究所擔任助手。

「我的哥哥與陳舜臣先生走得比較近，他夫人陳錦墩女士和嫂嫂的感情也很好。我因公務而路經神戶時，就是嫂嫂幫我打電話給錦墩女士，請他們出來的。」

林麗韞說她和忙碌的陳舜臣沒有什麼機會見

訪日時回到神戶娘家的林麗韞（左）。中央為林麗韞的父親林水永，右側為林麗韞的兄長夫婦。（林麗韞提供）

面，不過陳舜臣卻記得這位和妹妹先後前往大陸的林麗韞。

「陳舜臣先生很忙，能見到面的機會很少，但還是有一次，我去美國出差回來的途中經過神戶，那次和陳先生夫婦、妙玲的親戚，以及我的哥哥們，一起去神戶的有馬溫泉玩。那天陳先生的心情很好，還唱著『妻を娶らば才長けて（娶妻當娶有才者）』。夫人也回問『說誰呢？』一邊害羞地笑了，現在真是覺得很懷念。」

一邊說著，林麗韞一邊拿出了和陳舜臣的合照，而且裡面還有廖承志。

「在邦交正常化隔年的一九七三年，為了感謝在過去二十五年間，日本方面為民間交流盡心盡力的老朋友，廖公率領了多達五十五人的中日友好協會代表團訪問

在中日邦交正常化的隔年（1973年），廖承志以團長的身分率領中日友好協會代表團訪問日本各地。在神戶與陳舜臣等人圍桌而坐。後排左起為廖承志、神戶中華同文學校校長李萬之，前排右起為陳舜臣、林麗韞、林麗韞的兄嫂。（林麗韞提供）

神戶，這張照片就是在那個時候照的。陳舜臣先生也看過。這張照片有哪裡怪怪的吧？我和陳舜臣先生一起坐在前排，廖公站在後面。應該是要陳先生和廖公坐在前面，我是下屬，應該要站在後面，不過我記得那天廖公說『有什麼關係』，就讓我坐在前面，他自己站在後面。廖公對於那天可以見到陳舜臣先生，感到非常高興。」

這張照片透露出親北京派的華僑團體對日中邦交正常化湧現的興奮之情。

二〇〇六年秋天，我在日本出版了以林麗韞等大陸台籍人士為主題的書，因當中提到陳舜臣和陳妙玲的小故事，我特別回到神戶住吉拜訪他。陳舜臣當時因為腦中風的後遺症，右手有點不方便，不過大致來說精神很好，說話也很清楚。筆者帶了林麗韞所提供的老照片去拜訪他，他看著照片，很懷念地說「麗韞那時好年輕啊！」由此打開了話匣子。他告訴我包括李登輝、司馬遼太郎等老友，以及陳家的點點滴滴。他說陳家的子嗣男多「女少」，因此父親給他的寶貝女兒取名為「妙玲」。他還說將來有機會想寫以謝雪紅為主題的小說。談笑風生之餘，兩個多小時的會面一下子過去，告別之際互道下次台北見，沒想到後來就沒機會了。

陳舜臣在一九六一年以長篇推理小說《枯草之根》獲得江戶川亂步獎後成名，在日本和北京邦交正常化的第二年，他取得中華人民共和國的國籍，並開始為ＮＨＫ「絲綢之路」等節目的採訪而經常往返大陸。但六四天安門事件帶給陳舜臣很大的衝擊，平時溫和的他罕見地以嚴厲的語氣批評北京政府，第二年遂歸化日本籍。並在該年，時隔四十年之後回到台灣，由於他從未向台北政府申請喪失國籍，因此仍保有台灣的戶籍，又在二〇〇三年表示想要在台北縣淡水鎮設籍的意願。由此一連串的事件中，我們不難發現他對日本、台灣、大陸有著既深刻又複雜的感情。陳妙玲則於一九九七年在北京逝世。

在中共的外交部「中聯部」的日子

一九五三年暑假為歸國華僑擔任翻譯這件事為開端，林麗韞在不久之後，就被派任中聯部。因此不得不中斷學業。中聯部事實上是「中國共產黨的外交部」，規模比外交部小，但是專門負責政黨間的聯絡。尤其是如果要與沒有外交關係的國家交涉，就常由中聯部出面。

中聯部是於一九五〇年從統一戰線部分出來的部門，在初期階段，對日工作的重點是與日本共產黨等左派勢力接觸。後來日本和大陸之間的民間交流日益擴大，與左派政黨以外的民間勢力之間的交流也明顯增加。林麗韞對於一九五〇年代中葉的狀況，有如下描述。

「當時中國最重要的兩個節日是五月一日的勞動節和十月一日的國慶日，在這兩天都會有歌舞表演、花車遊行。也會招待從海外來的貴賓，而每年都是從日本來的賓客最多，包括勞工團體、婦女團體、青年團體等各界的代表團，甚至還有國會議員代表團。」

當時大陸的日語人才十分缺乏。在中共政府剛成立時，幾乎都必須由廖承志自己當翻譯。所以像林麗韞這樣懂日語的台灣人，可以說是當局最渴望的人才。

曾任中共對日宣傳雜誌《人民中國》的翻譯、新華社駐日記者及文化部副部長的劉德有，在他所寫的書中，對於一九五〇年代初的狀況，有如下描寫。

「雖然懂日語的人不少，但是可能『出

擔任周恩來口譯的林麗韞。在回國第二年（1954年）第一次擔任周恩來的口譯之後，又相繼擔任包括毛澤東在內的中共領導者的日語口譯，漸漸受到重用。（林麗韞提供）

身不佳』或是『本人的經歷有瑕疵』，因為種種理由而無法擔任與涉外有關的工作，要獲得重用，當然就更為困難了。中共政府自己培養的日語人才，又還沒有獨當一面的能力。（中略）所選的人都是在建國前就已學日語，但在日本侵略時並未替侵略者工作，也就是『身家清白』的人，或是在一九五〇年代初期，為了求學或參加新中國的國家建設等原因，而從日本回國的愛國青年華僑。」

關於這點，林麗韞是這麼說的：

「懂日語的人才的確不多。當時除了中國東北的人之外，連像我這樣，回國才一年的大學生都被指名了。不過我認為這也和家庭的情況有關。包括廖公在內，大家都知道我的父親是愛國華僑，而且我的生活和經歷都很單純，也可以信賴。廖公也常常說，隨著民間的交流日漸活化，日語的人才會越來越重要。」

林麗韞到現在都還是說自己對廖承志抱持著絕對的信賴。「除了提拔我之外，還總是溫和地指導我，廖公對我來說就像父親一樣。除了他日語很好、他對日本的理解很深這類工作上的事之外，他還常常留意到我個人的事，非常有人情味。」

一九五七年，林麗韞以中國紅十字會代表團成員的身分，時隔五年後首度回到日本。從她回想當時的小故事中，可以看出廖承志的為人。

「當時極不願意讓我回國的母親，在我回國之後不久，就因為心臟病發作而去世。在那個時候，我沒有辦法回日本。一九五七年因為公務而回到神戶的時候，廖公對我說『今天給妳放一天假。叫妳爸爸來接妳，回家去媽媽的靈前上炷香。』我因為『不能擅自放下公務』而感到猶豫不決，他卻對我說『中國共產黨是一個講人情味的政黨，現在妳可以體會了吧。』還很溫馨地送我回家。」

林麗韞和父親一起回到神戶的老家，傷心地看著母親的遺像。

「那時候我的痛苦真不是言語所能形容的。一直到現在，只要想起母親，我還是十分難過。我離開日本的時候，母親流著淚不讓我走，我是憑著一股毅力才從她的懷抱中離開的。每次想到媽媽，總覺得自己很不孝，胸中充滿了滿滿的遺憾。」

中共對日工作部門的全貌

在與日本建交的很久之前，中共就一直在進行「對日工作」——與日本共產黨等左派政黨和民間團體取得聯繫，同時試圖與日本政府接觸，並進行對日本的宣傳。當時中共對日工作部門的業務型態和人員組成究竟是如何，在此引用吳學文（新聞記者出身的對日工作重要人員）所寫的書《風雨陰晴——我所經歷的中日關係》中的描述，作一簡單的介紹。

根據吳學文所說，中共對日工作部門是在周恩來的操持之下成立的，但是「『對日工作的組織和制度』其實並不是正式的用語，甚至在實際上也不存在這類的正式組織。我是透過工作才感受到它的存在。」這其實不是一個常設的機構或制度，完全是一個跟著負責人走的機動體制。

在戰後不久，周恩來就為了研究日中之間必須面對的一連串問題，包括日本人戰犯的審判、支援對日本人的遣返、對日談和問題等。他指示廖承志成立專門研究日本問題的團隊，日後好發揮智囊團的功能。

共產黨中央的涉外事項最初是由外事組負責，組長是國務院副總理兼外交部長陳毅，副組長則是廖承志。屬於行政部門的國務院也有外事辦公室，外事辦公室的主任也是陳毅，副主任也是廖承志。外事辦公室內設有日本組，組長是楊正（後來為王曉雲），配置了數名組員。

對日工作的關鍵人物當然是廖承志。他在日本出生、在日本受教育，操著一口夾雜江戶腔的流利日語，曾在早稻田大學就讀，精通日本的狀況，因此他除了站在中共對日本交涉的檯面上，從建國開始，就是實際推動對日工作的人。對日工作團隊的成員都是由廖承志親自挑選，包括延安時代擔任岡野進（即野坂參三）的祕書，並投入對日宣傳和對日本人俘虜進行教育工作的趙安博及王曉雲、舊滿洲國的官員孫平化，以及同樣是舊滿洲國出身的蕭向前等人，都成為核心成員，嶄露頭角。趙安博、王曉雲、孫平化、蕭向前四人被稱為「廖承志的四大金剛」或「四羽烏」[4]。在一九五二年左右，廖承志會和對日工作團隊的成員，一起會見從日本來的國賓。

日本當時雖然和中共沒有外交關係，但是中共政府對於對日工作的重視僅次於對美、蘇的工作。一九五四年十二月時，國務院外交委員會與中共中央統一戰線部接受要擴大對日研究工作的決議，並於翌年一九五五年成立對日工作委員會，負責日本研究與對日政策的企劃及執行。委員會主任是身為知日派而著名的文學家郭沫若，而副主任是廖承志、外交部長助理陳家康、《大公報》社長王芸生，委員則由對外貿易部第一副部長雷任民、中國紅十字會會長李德全、中華全國總工會副主席劉寧一、中國國際貿易促進委員會主席南漢宸聯名擔任。實際上的負責人是廖承志。

委員會的代表是由政府、黨中央部門（外交部、中聯部〔中共中央對外聯絡部〕、對外貿易部〔於一九八二年被對外經濟貿易部合併〕、國家華僑事務委員會、中國國際貿易促進會、中國對外友好協會、外文學會、中國共產黨主義青年團、中華全國總工會）以及社會團體所指派的。除此之外，還加上了中共各機關報、人民日報、中央廣播事業局、新華通訊社等媒體相關人員，具備了綜合性的功能。

依據專案的內容，可能有超過三十位相關人員被納入其指揮之下，不過委員會的核心成員就是十幾人，每一位都是在日後的對日工作中擔任重要角色的人物。已確認過的成員姓名和部門各別列舉如下。

外交部：陳杭、丁民（韓龍念會視需要出席[5]）
中聯部：趙安博、莊濤（張香山會視需要出席）
對外貿易部：李新農、吳曙東（雷任民會視需要出席）
國家華僑事務委員會：楊春松、李國仁
中國國際貿易促進會：謝筱廼（冀朝鼎會視需要出席）
中國對外友好協會：林林、孫平化、金蘇城
外文學會：吳茂蓀、蕭向前
中國共產主義青年團：文遲
中華全國總工會：陳宇

4　日語中將某領域中特別傑出的三位人士稱作「三羽烏」，此處配合人數而改稱「四羽烏」。
5　指非該部門之固定成員，但會視情況需要而出席會議及參與工作。

人民日報：蕭光、裴達

中央廣播事業局：張紀明、吳克泰（溫濟澤會視需要出席）

新華社：丁拓、吳學文（鄧崗和李炳泉會視需要出席）

其中楊春松和吳克泰兩人是台灣人。

支撐中共對日工作的台灣人

如同林麗韞所說的，「中國的對日政策，是由毛主席自己決定中日關係的重大方針，再經周總理制定政策之後，由廖公親自在陣頭指揮」，這套系統讓北京方面最高領導者的意向，可以直接反映在對日政策上。另外，如果向孫平化或蕭向前這些有實際影響力的人反映，他們也能馬上向廖承志報告，很快就可以作出決定，也就是在重大問題上，可能會由周恩來直接指示。附帶一提，據台北政府的外交官林金莖所說，中華民國的對日政策也是「由蔣介石總統直接下判斷，由張群先生負責執行」，同樣完全是由上而下的操控模式。台海兩岸的對日政策都是由各自的最高領導者直接指揮的。

在中共的政府建立之後，短時間內北京方面可以投入對日工作的人才，比台北方面來得少，這點是無法否認的。孫文亡命日本時，因為犬養毅和宮崎滔天等人的支持，才展開革命，而蔣介石和張群都是在日本留學時投身於革命的，因為這些歷史過程，國民黨跟日本的淵源很深。而在國共內戰敗退之後，國民黨撤退到台灣，因台灣在一九四五年之前的五十年是日本的殖民地，在光復時，大多數居民都受過日本教育。接著又因為二二八事件，使得舉發漢奸的重點對象改為共產主義者和反體制派，原本協助日本的人可能會被檢舉，但二二八後對他們的責任追究變得寬鬆許多，使得與日本關係匪淺的人，依然能夠留在社會的核心。

其中的代表人物便是辜振甫。戰後，他在台灣長期擔任中華民國全國工商協進會的理事長，於二〇〇四年去世。辜振甫是代表日本殖民地台灣的買辦辜顯榮之子，從戰前就一直居於日本經濟界的主流，戰後依然活躍於台灣的政商界，人脈遍及台灣的財界和政界。在一九九三年和一九九八年的兩岸民間交流中，他是台北方面的代表，在兩岸關係中也占有一席之地。

在日華斷交前後，辜振甫等人為了日台航空路線和經濟關係的維持，四處奔走，由此可見，在殖民時期幫助日本的台灣人及其後代，在對日關係的維持和促進上，確實發揮了一定的功能。

除了這層淵源之外，不論是官方或民間，台灣方面的對日管道也都一直無盡地延伸出去。而另一方面，在大陸，大多數戰前和日本有關的有力人士，不是在戰後受到漢奸的審判而被判刑，就是因為厭惡中共，而逃往台灣或海外。曾在日本留學過、和日本有接觸管道的人，自然十分有限，對於北京方面而言，如何確保通曉日語的人才，變成當務之急。日本的舊殖民地台灣出身的人，或是東北出身、曾因滿洲國傀儡政權而受過日本統治的人，因為能從事對日工作，自然而然地受到重用。

其中尤以回國的台籍華僑，或是直接從台灣去大陸的台灣人，因為日語程度很高，除了可以從事談判或宣傳等直接對日工作之外，也可以幫忙處理語言相關的事務，或投入語言教育，「培養要協助對日工作的人」，因此特別受到企重。在此主要參考林麗韞、郭平坦與吳克泰的談話內容，將台籍對日工作者的簡歷稍作整理。

首先是在外交部門中，有許多台籍事務官十分活躍。

紀朝欽於日本殖民時代生於淡水。畢業於淡水中學，是李登輝的學弟，在學生時代參加了二二八事件起義。他還參加過李登輝在淡水主辦的左派系讀書會。後來逃到香港，與謝雪紅等人一起活動。在中共政府成立後，參與中共的對日事務，被派任駐東京大使館時，以北京政務參事的身分，負責處理京都的「光華寮」問題。

蔡子民於一九二〇年生於彰化，戰前在早稻田大學就讀。戰後回到台灣，曾任《自由報》的主編，並在二二八事件之後前往大陸。其後曾在中央人民廣播電台，負責向台灣同胞廣播，並擔任台盟中央委員會主席等對台工作部門的要職，曾任駐東京中華人民共和國大使館的文化、新聞司長。平成天皇於一九九二年訪問中國大陸時，由當時的國家主席楊尚昆主辦歡迎晚餐會，會中他是以台盟主席的身分出席。他於二〇〇三年去世。

潘淵靜在一九二四年生於台北。在台灣大學就讀時，參加了二二八事件的起義，並於中共政府成立的該年遠渡大陸。一九七七年以一等書記官的身分派任駐日大使館，在一九八〇年代之後，開始從事對台工作。除他之外，還有呂招治、張俊發（宜蘭人／武官）、李玲虹（彰化人／一等書記官）都在駐日使館任職。

對於中共而言，十分嫻熟日本的事

投入中央人民廣播電台對台灣同胞廣播、台盟中央委員會主席等對台工作的蔡子民。照片攝於他擔任駐日中華人民共和國大使館文化、新聞司長時。（徐宗懋提供）

情、日語也如母語般流利的台灣人，是對日工作的重要資產。對日工作在一九七二年與日本邦交正常化時達到高峰，當時有相當多台灣人投入的理由就在於此。郭平坦也證實「對於中國而言，從抗日戰爭之後，對日工作就占了極重要的位置，接受日本教育的台灣人知識分子對日本有充分的理解，因而受到重用。一時之間有十幾位台灣人被派任駐日大使館、大阪、福岡、札幌的領事館，擔任參事官、一等書記官、副武官。」

在對日宣傳部門中，有更多台灣人活躍著。

康大川（原名康天順）於一九一五年生於苗栗。在一九三〇年遠渡日本，自早

《人民中國》總編輯時代的康大川。他因熟知日本事務且精通日語，是中共對日宣傳部門內極度活躍的台灣人。（徐宗懋提供）

稻田大學畢業之後，參加了抗日戰爭。他在國共內戰時加入中共新四軍，在共產政府成立之後，擔任日語月刊《人民中國》的總編輯。他於二〇〇四年去世。該月刊的副總編楊哲三（台中人）、翻譯蔡德基（苗栗人）、賴民姬（屏東人）都是台灣籍。

對日宣傳的週刊《北京週報》，編輯部內也有林尚文、江重光、翁國灶、韓飛鳳等多位台灣人。於一九三三年生於東京（本籍為台北市）的李順然，則在一九五三年從明治學院大學畢業後，便遠渡大陸，並被派任至北京廣播電台的日語部門，曾任日語部主任和日本支局長。

除此之外，大陸媒體派駐東京的記者中，也有許多台灣人，如《人民日報》的陳弘、北京廣播電台的方宜（本名劉守文，中壢人）、中國新聞社的李國仁（彰化人）及楊國光（桃園人）。這些人中較有名的包括：

曾於一九九〇年代在NHK的電視、廣播的中文講座擔任講師的陳真（本名陳蕙貞），她在日本的中文學習者之間大受歡迎。她於一九三二年生於東京，是台北建國中學校長陳文彬的次女。陳文彬是出身高雄岡山的學者，畢業於日本法政大學，戰後曾任東京華僑總會會長。二二八事件時被逮捕，當時陳真潛藏在台灣，之後又經由香港遠渡大陸，被派任北京廣播電台的日語部門。於二〇〇五年去世。她的姐姐陳蕙娟是中共高層的日語翻譯。

郭承敏於一九二七年生於屏東的客家家庭，後於一九五〇年遠渡大陸，從事對日情報工作，在文革期間備嘗辛酸。他在一九七三年被派任《人民中國》，從一九七五年開始負責《毛澤東選集》和《周恩來選集》的定稿。

曾經在韓戰時從軍的黃幸，為《毛澤東選集　第五卷》的日文譯者，並經手許多日語出版刊物。

陳信德是《現代日本語實用語法》的作者，這本書在戰後的大陸外交與學術界被稱為「日語學習的聖經」。他在一九〇五年生於淡水，戰前在京都帝大就讀，並於一九三七年到北京大學留學。他曾協助NHK在

因NHK中文講座的講師身分而廣為人知的陳真，多年以來都是以「東京出生的台灣人」身分，在北京廣播電台的日語節目中活躍。她的父親陳文彬生於高雄岡山，戰前畢業於法政大學，戰後前往大陸，在中共取得政權之後，投入文字的改革與羅馬字發音表記的研究，他的名字也出現在對台灣工作組織「台盟」中。照片為陳真一家人在北京享受團圓之樂。右起為陳真之父陳文彬、姐陳蕙娟、陳真、母何灼華。攝於反右運動之前不久。（徐宗懋提供）

華北的廣播，並從一九三八年開始，活躍於北京中央廣播電台的藝文部門。戰後自一九五〇年開始擔任北京大學的教授，教授日語，著有多篇研究論文，文革時死於非命。

這些台灣人填補了對日工作的空白，是十分重要的存在。郭平坦便這麼說：

「在一九五〇年代，回國的台灣人開始從事對日工作。台灣人除了投入口譯和翻譯工作之外，對培養下一世代的日語人才也竭盡心力。唐家璇在北京廣播電台時，是跟著吳克泰實習的。台灣出身的重要對日工作人員，是在延安世代（如趙安博、孫平化、蕭向前、王曉雲等）和唐家璇世代之間的那一代。」

唐家璇畢業於北京大學東方語言系日語專業，他是在日中邦交正常化的一九七〇年代之後，才正式參與對日事務。他之後曾任中共駐日本使館公使、外交部長等職。

對日宣傳廣播電台「北京放送」的內幕

吳克泰是「北京放送」部門的負責人，而該電台則是對日宣傳部門之一，本節將透過吳克泰的回憶，說明在中共政府的黎明時期，對日宣傳工作的內容是什麼。吳克泰是對日工作委員會的一員，可以與中共政府核心直接交換意見。

在台灣，吳克泰是因「李登輝加入中共地下組織的介紹人」而為人所知，他同時也是北京廣播電台的日語部負責人。吳克泰於一九二五年出生於宜蘭的農村，本名為詹世平。幼時貧困的吳克泰對日本總督府對台灣人的壓迫感到十分憤慨，因此於一九四四年擔任日軍的口譯前往大陸時，便伺機參加了抗日組織。抗日戰爭結束後，他在上海加入中國共產黨，並於一九四六年三月回到台灣，展開地下活動。

他一邊進入台灣大學醫學部就讀，一邊辦《民報》和《人民導報》進行活動，並成立國語補習班，展開吸收知識分子的工作。據他說也是在那個時候，他與在台北高等學校時代就認識的李登輝重逢，介紹李登輝加入共產黨地下組織。在二二八事件發生之後，吳克泰輾轉台灣各地，探尋是否可能進行游擊戰，又在一九四九年三月，與新婚妻子一同前往上海，並於五月遷往北平。因為他當初預定再回台灣從事地下工作，因而改名為吳克泰。

一直在台灣從事地下工作的吳克泰後來會加入對日廣播的工作，也是因為廖承志的提拔。

台灣光復後（1946年秋天），隸屬於台北外勤記者聯誼會的吳克泰證件照片。（吳克泰提供）

「我在一九四九年五月中旬，帶領台灣青年到北平參加第一屆全國青年代表大會，在會議結束之後，等待工作分配時，我被中南海叫過去。那時廖承志先生對我說：『我想要做對日的廣播工作，希望你來幫我。』我回答：『我很高興有這個機會。』於是就開始了。對日廣播的展開，我是聽說周恩來總理也非常關心這件事。第一次在廣播電台對我面試的人就是梅益先生，他當時是總編輯，後來成為局長。」

梅益於一九一四年生於潮汕，曾任延安的新華廣播事業局長（中央人民廣播電台的前身）、中共駐南京代表團的發言人。在中共政府成立之後，曾擔任中央廣播事業局長，在黨的宣傳部門中舉足輕重。梅益任命吳克泰為對日廣播的負責人。

「雖然我在台灣曾經當過新聞記者，也可以用日語寫文章，但是對廣播卻是一竅不通。我先是拿到一台短波收音機，收聽ＮＨＫ和莫斯科廣播的日語節目，從分析節目的結構開起。後來，北京廣播電台為了收集國際情勢的相關資訊，也必須收聽廣播，但是剛開始時，是為了製作我們自己的節目，才收聽別的廣播作為參考。還要挑選字典和參考書，做得像個樣子。也不是有什麼了不起的資料。後來東北的瀋陽、長春、哈爾濱也有了日語廣播，那邊有幾位日本人，所以我還借了他們的原稿來看。原本是預定要在一九四九年六月十日開始廣播，最後因為來不及，在二十日才開始日語的廣播。」

今天，北京方面是透過中國國際廣播電台向日本播放日語節目，而一般人所熟悉的是它的「北京放送」台呼。那個時代沒有電視，更遑論網路，如果要把大量的訊息傳播到遠地，電台廣播，尤其是短波廣播，才是最快速、成本最低的第一線媒體。在抗日戰爭時期，中共就成立了延安新華廣播電台，並於一九四一年十二月三日開始向日本士兵進行日語廣播。中共從很早就開始重視廣播這種宣傳方式。

在中共政府成立之前，對日宣傳部門還幾乎是零，只好一邊摸索著一邊展開。

「在廣播要上路之前，播音員的問題浮上檯面。我的日語有台灣腔，而且恩師是大分縣的人，多少都有受到影響。廖承志先生聽了我的日語之後，雖然什麼都沒說，但應該是覺得不太標準吧。廖先生的日語是道地的江戶腔，很道地的。我也自知自己的日語有口音，所以當務之急是要找到播音員。」

在殖民時代的台灣，的確有不少年長者所學的日語帶有九州腔。吳克泰說這是因為在台灣從事初等教育的教員中，有許多人來自九州。

「播音員不太好找，不過在一段時間之後，就找到王艾英女士了。她是畢業於御茶水（東京女子高等師範學校）的才女，會講一口流利的山手話[6]，在延安的野坂參三辦公室工作。她與東京帝大的留學生何思敬結婚後回到中國大陸，女兒嫁給後來的外交部長黃華。當時我沒想到她會變成這種大人物的岳母，所以隨意地驅使她。現在北京廣播電台日語部門的陣容多達數十人，但一開始只有我一個人擔任翻譯兼編輯，再加上王女士一位播音員。後來加入了人事張紀明先生（他的太太是日本人）會來幫忙半天。也就是所謂的二・五人體制。」

在廣播剛開始的時候，廖承志每天都會檢查廣播的原稿。「廖先生講話時是日語和中文夾雜的。『國民黨依然盤踞在某個島上』這則新聞原本是翻譯成『依然占據著』，不過廖先生認為『日語也有盤踞這個詞，所以直接用就好了』，就像這樣，都會給他看過。不過廖先生看原稿的次數越來越少，後來直接告訴我們『現在我不看也可以了，你們自己來吧』。就不會再每天過目了。」

廣播剛開始時是一天一次，在傍晚時間播放十五分鐘，不久之後就變成隔天早上會重播前一天的節目，一次播出時間也改為二十分鐘，接著又變成一次一小時。一九五五年時，成為從日本時間晚上六點到十二點播放六小時。這是出自吳克泰的提議。「我提議要播放六小時，當時大家都很反對，覺得『不要開玩笑了。這樣還有命嗎？』我說『雖然看起來是播放六小時，但其實是兩小時的節目一直重播，所以實際上是兩小時。』他們才終於接受了。延長播放時間，有助於強化對日的宣傳，所以長官們也都支持。因為變成六小時的廣播節目，所以編制跟著擴充為十位左右的日籍播音員、負責寫稿的也

6　主要是東京中產以上階級所使用的日語。

有十位左右、負責新聞的也是十位左右。新聞方面，如果是一般新聞，就使用新華社的原稿，如果是中日關係的新聞，就會派中國記者去採訪。」

吳克泰最初負責統籌日語部門，後來成為日朝組（日本語、朝鮮語組）的組長，最後升為亞洲部的副主任，但不管直接或間接地，仍舊一直與日語廣播有關。他是如何全心地投入工作，不只是日語部門，連整個電台的同事都知道。他的妻子高蓮子便說「我的老公是工作狂。當然也有人可以理解，不過大部分人都覺得他很難相處。」他的屬下陳真就認為吳克泰「十分擅長日語寫作，人也很好，不過是很拘謹、不好親近的人」，這大概是日語部門對他共通的評價吧。

北京放送日語部門的人與事

因為播放時間大幅增加，所以改成廣播的一開始先播新聞，接著介紹新中國的建設和大陸各地的名勝，也增加了聽眾來信的時間，轉型為多元豐富的內容。一開始僅有個位數的成員，後來也逐漸增加，並且出現了許多台灣人。

「也有像陳真和李順然這些在日本出生的台灣人。撫順的戰犯收容所關閉之後，陳舜臣先生的妹妹陳妙玲小姐也到廣播電台來了。還有一位蔣時欽先生。他是蔣渭水的公子，我在上海時受到他的照顧。他在廣播時用陳玉堂這個名字。蔣先生在文革時辭世。除此之外還有陳炳薪先生。他是我在中學的上一屆學長，負責採訪。其實並不是刻意錄用台灣人的，但在結果上，日語部門確實有相當大比例的台灣人。」

在北京廣播電台的日語部門任職的台灣人，除了上述列舉的幾人之外，還有蘇琦、李丙盛、林玉波（台北人）、陳榮芳（雲林斗六人）、鄧健吾、鄧圭吾（出生於東京的台籍華僑）、邱茂（台北人）、李泰然（台北人，兒時去日本，為李順然之兄）、李健一（台北人，大阪出生）、黃仁坤（桃園人，中學時去日本）、曾紹德（苗栗人）、林珠江（嘉義人）、簡文生等。

關於對日宣傳廣播的人員，吳克泰有下列說明。

「在當時的大陸，幾乎沒有可以把日語說得很流利的人。尤其是能夠把中文筆譯或口譯成日語的人，大概就是在日本殖民的台灣受過教育的台灣人、從日本歸國的華僑，或是在大陸居留的日本人。當時，蘇聯軍隊已進到舊滿洲，並且開始遣返大陸的日本居民，不過林彪的八路軍留下了一部分日籍技術人員。北京廣播電台也選了一些過去曾反抗日本軍部、心態上比較進步的日本人，讓他們任職。」

吳克泰說「廣播開始之後，電台內盡可能都使用日語。也會要求同事要熟讀日語資料，多了解日本人的喜好和心情，以便能夠進行對日本的廣播。」這種日語的環境後來也漸漸為外界所知，之後外交部還送了大約十名實習生過來，其中包括日後成為外交部長的唐家璇和駐日大使徐敦信。吳克泰說自己原本對唐家璇沒什麼印象，後來聽說他當上外交部長，還吃了一驚。

「實習生平均都是待一年或兩年。廣播是要傳達國家或黨的方針，所以不會讓他們參與節目的製作或採訪。主要是幫忙分類和整理聽眾的來信、當編輯的助理等。我對於唐家璇沒有什麼特別的印象，那時候也沒想到他會成為外交部長。之後在中南海開會時，有和他碰過幾次面。一開始是他認出我，和我打招呼，但那時我想不太起來他是誰，覺得很不好意思。徐敦信做事很俐落，當時曾經透過各地的日中友好協會招待聽眾代表團到中國來訪問，就是讓徐敦信去當翻譯。」

當時是由外交部負責培養能夠處理對日事務的幹部，但因為當時的中共政府與日本沒有外交關係，無法和日本自由往來，更遑論到日本留學，所以外交部對於如何挑選實習的機構也感到相當困擾。而吳克泰對於這種狀況的說明是：

「關於這一點，北京廣播電台的日語部門辦公室營造了全日語的環境，和在日本沒什麼兩樣。其他的對日媒體應該也有培訓實習生和新人，像後來成為文化部副部長的劉德有，就曾在《人民中國》的康大川先生那邊實習。外交部的實習生菁英在文革一開始的時候，就全部撤出了。」

這時他補充說：大陸的台灣人之間也有不滿的聲音，認為「明明就不信任台灣人，只有在訓練實習生時，才想到要利用台灣人」。中共政府成立之後，在北京教日語的一位台籍女性便挑明了說：「出身於東北的人如果學日語，就會被說是『為了國家』，並且被提拔為幹部。但是大陸的人卻不太了解台灣人。台灣曾經是日本的殖民地，所以感覺對台灣人的評價都不太公平。」這番話讓人想起台灣的文學家吳濁流的小說《亞細亞的孤兒》，小說的主人翁胡太明對日本的殖民統治感到不滿，於是遠渡大陸，比他早到大陸的同鄉前輩曾先生給了他以下建議：

「我們無論到什麼地方，別人都不會信任我們……我們自身並沒有什麼罪惡，卻要遭受這種待遇是不公平的。可是還有什麼辦法？我們必須用實際行動來證明自己不是天生的『庶』，我們為建設中國而犧牲的熱情，並不落人之後啊！」

作出成果的對日廣播

當時對沒有外交關係的日本進行廣播，從聽眾那裡得到熱烈的迴響。

「每天播送六小時，所以聽眾應該不少。每個月會有一萬封左右的信寄來，多的時候接近兩萬封，來信的內容都是『希望更了解新中國』、『請多說一些中國的事情，任何事都好』。聽眾的來信全部都要回覆，所以光處理信件的職員就有四、五人，但還是不可能一封一封親筆回。從日本回來的工作人員做了幾種日語回信的格式，我則在每一張的最後用毛筆簽名。」

第一次收到聽眾來信時，對於吳克泰的表情，陳真是這麼回憶的：「不知道他是不是覺得自己不應該笑，每次看到他時，都是一臉嚴肅。但那時他也克制不住自己的興奮之情，雖然嘴還是緊抿的，但是臉上已經出現了笑意。」讓人不禁想像起不擅表達感情的他，當掩藏不住自己的高興時，是什麼樣子。聽眾充滿熱情的回信，對於負責對日宣傳廣播的人一定是最大的鼓勵，也是擺在眼前的工作成果。

吳克泰說「那時真是不可思議的忙碌。每天工作到深夜兩三點，隔天常又是早上八九點必須到電台上班」，又接著說：

「（我們）聽眾的人數明顯比其他部門多得多……有做就有成果，這是一個很有價值的工作。也因為日語節目得到很大的反響，聽眾又很多，所以電台也很重視日語廣播。在電台內部的會議中，梅益先生常把對日語廣播的誇獎掛在嘴上，所以其他的部門都很嫉妒。」

在一九五〇年代，中共必須面對還在大陸的舊日本兵，以及留在大陸等待回國的日本人民的問題。對於這些問題的報導，在日本引起特別廣大的關注。

「有一群在山西省太原、閻錫山麾下的日本人，一直抵抗解放軍到最後一刻。這群人後來成為俘虜，約有一百人被收容在北京郊外的秦西陵，接受思想改造完成之後，要遣返日本。於是我們前往採訪，詢問他們在中國的生活等，並播出錄音的內容，而日本報紙也以大篇幅報導我們廣播的內容。聽說日本的電台也錄下北京廣播電台的播放內容後，再另行播出。而關於留在大陸的日本人的歸國問題，我們也曾播出好幾次錄音訪問，都得到十分熱烈的迴響。我

攝於1953年採訪日本人戰俘時（這批日本人俘虜因受雇於閻錫山，而與紅軍作戰到最後一刻）。報導日本人戰俘與日本人居留者的節目，在日本國內也極受矚目。（吳克泰提供）

們一個一個去採訪留下來的日本人，每人有數分鐘的訪問，每天連續播出。聽說每次廣播結束之後，當天採訪人物在日本的故鄉，就馬上成為話題，也立刻會有要求重播的聲音。當時我每天聽ＮＨＫ新聞，我們播出的內容在日本有什麼樣的反應，馬上就可以知道了。」

在日本和大陸的邦交還未正常化的時候，北京廣播電台是一個重要的新聞來源，因此極受重視，在日本也有熱心的左派聽眾組成團體。透過空中的電波，對日宣傳確實取得了十分重要的成果。

東京在一九六四年舉辦奧運，吳克泰與梅益等人以中國廣播代表團一員的身分，一起出訪日本。該行除了出席日中友好協會和北京廣播電台的聽眾在各地所舉

以中國廣播訪問團成員的身分訪日，於1964年攝於東京。（吳克泰提供）

辦的聽眾交流會之外，還會到特別熱心的聽眾家中拜訪，每天都有忙碌的行程。

吳克泰訪日時，可以從空中看見台灣。當時日本和大陸之間沒有直飛的航班，都要經由香港轉機。吳克泰等人也是乘坐法國航空的飛機，從香港飛往東京，飛機會飛過台灣本島的西海岸上空。

「飛機沿著台灣本島的海岸線北上，紅褐色的海岸線連綿不絕，稍微往東一點，就是台北上空了。翠綠的新店碧潭都看得十分清楚。我一直盯著我美麗的故鄉台灣，看得入迷，真希望能夠從飛機上跳下去。隔壁的梅益先生提醒我『不要只一直看著下面』，但在飛機從基隆上空飛出去之前，我一直沒有辦法把視線離開台灣。」

歡迎日本人記者團。前排中央為周恩來、後排最右側為吳克泰，右四為梅益，右五為廖承志。好不容易有媒體從日本來訪，接待工作也由北京廣播日語部門負責。（吳克泰提供）

他一邊不好意思地說「如果旁邊沒有人的話，我說不定就會哭了呢」，一邊用一首歌表達自己的心境。

「〈誰か故鄉を想はざる〉（誰不會思念故鄉），是這麼說的吧。」

〈誰不會思念故鄉〉是由西條八十作詞、古賀政男作曲、霧島昇演唱，於一九四〇年發表的流行歌曲。它描述了遠離故鄉，只能遠眺和朋友同遊的山野，和目送姐妹出嫁的孤寂，這首歌勾起了士兵們的思鄉之情，因此在軍中大受歡迎。在北京生活的吳克泰借用這首歌的日文歌名，帶著不好意思的表情，說出了當時想念故鄉的心情，看到這一幕，筆者重新體會到他也是在那個時代掙扎著活下去的人啊。

若是具有知名度的日本人來訪大陸，北京廣播電台的日語部門會馬上遞上麥克風，請他們在廣播中獻聲。吳克泰滔滔不絕地列舉出當時訪問北京的幾位日本名人：「上廣播的人不計其數。現在想得出來的就有東京大學的茅誠司校長、參與締結第一次中日民間貿易協定的宮腰喜助、高良富和帆足計等人、作家木下順二。」接著又以稍微得意的語氣說：

「北京電台的日語廣播節目為眾多中日人士傳達聲音，受到廣大的聽眾支持。在中日邦交正常化的過程中，是一個非常重要的民間交流窗口。」

中共高層經由ＮＨＫ才得知韓戰爆發

北京廣播電台的日語部門除了對日宣傳之外，還有另一個重要任務，就是收集情報。當時的短波廣播很普遍，而且也是可以快速收集國際報導的手段，所以透過短波廣播收集他國情報的機構，在當時很常見。

當時的北京廣播電台也必須派人收聽海外的短波廣播，並作成紀錄。吳克泰回憶起聽到ＮＨＫ報導韓戰爆發時的事情。

「那是在一九五〇年六月二十五日、蔣時欽當班聽ＮＨＫ時發生的事。他會速記，所以總是把新聞內容完全記錄下來。那天是南北韓開戰的日子，ＮＨＫ報導北韓的朝鮮人民軍隊在今早八時已突破北緯三十八度線，戰鬥部隊正向首爾挺進中。因此他很快地把那篇報導翻譯成中文，透過梅益先生向中共中央提出報告。梅益先生表示當時中共中央還不知道朝鮮人民軍南侵的消息，我們的報告是第一手消息。」

毛澤東身邊的俄語翻譯師哲也說：「在戰爭爆發後，我們才知道這則新聞。」可見中共的權力核心對於北韓軍隊的南侵，事前的確不知情，和吳克泰所說的「中國的權力核心是透過北京廣播電台一直在收聽的ＮＨＫ，才知道韓戰的爆發」是一致的。

政治運動直接衝擊對日工作部門

大陸全境自一九五〇年代後期，陸續發生大規模的政治運動，而這些波濤洶湧的政治運動也直接衝擊到對日工作部門的相關人員。一九五六年二月，在蘇聯共產黨第二十次代表大會上，蘇共中央第一書記赫魯雪夫（Nikita Khrushchev）對史達林（Joseph Stalin）進行批評，該批評的祕密報告對中蘇關係投下了一枚震撼彈。同一年，毛澤東提倡「百花齊放、百家爭鳴」運動，這被稱為藝術言論自由化的運動，呼籲知識分子對共產黨提出批判，於是許多知識分子競相對中共提出批判。一九五七年六月，毛澤東姿態一變，開始反擊，後來發展為反右運動。被拿來祭旗的犧牲者之中，有不少是當初遠渡大陸的華僑或台灣人。吳克泰也曾經在反右運動中喪失立足之地。

「在反右運動開始的前一段時間，也就是一九五七年初，我因為台盟主席謝雪紅的誣告，差點被認為是國民黨的特務。可能是因為這樣吧，當局對我就特別注意。反右運動開始之後不久，廣播電台亞洲部門內一位從緬甸歸國的華僑被舉發為右派分子。當我被問到關於他的問題時，我表示對他的擔心：『他有老婆孩子，之後會變成怎樣呢。』這句話讓他們認為，『同情右派，所以你也是右派。』右派就是反革命。重面子的我甚至考慮過要自殺，是因為被妻子阻止，才沒有死成的。」

吳克泰當時被逼得走投無路，救他的還有幫他辯護的是梅益，梅益說「吳克泰是台灣的中共地下組織出身，不應該隨便把他看成右派」。因此吳克泰被定調成比較輕度的「中右」，也就是「黨內的右派」，除了在黨內受到嚴重警告的處分之外，在廣播電台也受到處分，被送到農村勞改一年。從農村回來之後，也很難再回到對日宣傳部門。

在反右運動的隔年，改為實施要讓農業大幅增產的大躍進政策，但這個政策的結果卻是慘不忍睹。毛澤東把國家主席之位讓給劉少奇，之後則又發動文化大革命，把劉少奇、鄧小平趕下台。吳克泰本來已經回復北京廣播電台亞洲部副主任的職位，這回又再度遭到批判。

「發動文革時，主任和副主任共有四個

在反右運動中，吳克泰被認定為「黨內的右派」，除了受到黨內的嚴重警告處分之外，也在廣播電台受到處分，被送到農村勞改一年。照片攝於1958年，在下放勞改要結束之前與農民合影留念。右起第三人、戴著帽子的男性就是吳克泰。（吳克泰提供）

人，除了我之外，全部都被打倒了。最初是張紀明主任遭難，接著副主任也一個一個被打倒了。只剩下我一個人指揮亞洲部的七、八百個職員。但在一九六六年底，中央指示了『打倒一切』的路線，所以亞洲部的全部人都衝著我一個人而來。」

「革命無罪！造反有理！」

「橫掃一切牛鬼蛇神！」

如哭號般的革命口號透過播音器響徹整個廣場，吳克泰接著被揪了出來。殺氣騰騰的部屬和同僚包圍著他，他的恐懼瞬間升到最高點。吳克泰回憶「被拉到批判鬥爭的場所時，我想起在台灣多次經歷過的生死存亡的關頭」。在北京那麼寒冷的天，眾多年輕的群眾用手指著吳克泰，大聲地胡亂叫囂著。

「那天剛好是十二月二十五日聖誕節。他們說我是『走修正主義路線』，我得用噴射機的姿勢，就這麼舉著手兩、三個小時，每當批判鬥爭大會結束的時候，連站都站不起來了。批判的內容盡是些找碴的事情，像是為什麼節目要介紹寺廟、報導一些花啊蝴蝶的事。總之是隨便找什麼理由都好。」

包括吳克泰、局長梅益、黨組書記丁萊夫等，幾乎所有幹部都一起被關到牛棚。後來依林彪的命令，被送到河南省淮陽幹部學校去勞動改造，一直關到一九七二年九月。

對日工作的領軍者廖承志也在文革發動之後立刻受到批判，並從政壇上消失了蹤影，一直到一九七二年六月他才完全復出，重任外交部顧問一職。對日工作部門度過了黑暗的冬天。尤其是對從事對日工作的台灣人和大部分歸國華僑而言，文革時代是極為嚴峻的一段日子。

因歸國者身分而受苦的寒冬：文革時期的日子

郭平坦在一九五六年歸國之後便在對日工作部門工作，他對於反右運動之後，社會對歸國華僑和台灣人的態度有如下描述。

「一九五七年之後機會主義大舉偏向極左。我是在一九五六年回國的，反右派的鬥爭則在一九五七年下半年正式展開，在那之前，我沒有碰到什麼問題。在一九五〇年代結束之前，歸國的華僑和台灣人不曾在政策面受到什麼明顯的差別對待。」

郭平坦說：「是在一九六二年左右，才真正好像苗頭不太對。」

「開始出現一些沒道理的政策，例如什麼出身背景的人不可以在中央機關任職，這在文革時期更是嚴重。黨中央知道我在日本的活動，所以逃過一劫，但是從日本回來的人動不動就被說成『日本特務』，台灣人則是『台灣特務』，情況非常嚴重。」

文革期間，造反派會亂抓從日本回來的台灣人，對他們施暴、把他們拖出來鬥爭，或是破壞他們的財產。郭平坦語帶哽咽地說「有的根本是捏造的」。

遠渡大陸之前曾在日本國內參加左派運動、參加活動支持中共的人，可能是因為得到政府和黨的信賴，所以比較少受到暴力對待，但還是會被這股異常的氛圍波及。郭平坦和在學生時代結婚的廣東華僑妻子陳富美帶著兩個孩子回到中國大陸，而這股社會氣氛讓他們的家庭內也籠罩著一股死氣沉沉的沉默。

「我的妻子在東京出生，和日本人沒什麼兩樣，我們平常講話也都是用日語，但在文革時就會有所顧慮。」

兩人從學生運動時期就是同志，他的妻子陳富美也說：「雖然不至於後悔回來，不過老實說，當真沒想到要受這種苦。我們很清楚自己是為了理想才回來的，所以再怎麼樣，也一定會堅持，但還是沒想到這麼辛苦。」郭平坦也笑著說：「我們在日本有過戰爭的經驗，所以會想那就同甘共苦吧，這也是沒辦法的事。還是有著希望能夠『打倒國民黨、解放台灣』的理想。而且那時候也還年輕，受得了。」

一般來說，從日本回國的華僑中，知識分子所占的比率比較高，所以許多從日本歸國的華僑都受到政治迫害。郭平坦見到華僑同志陸續受到迫害，也無法袖手旁觀。

「文革當時，我四處奔走，想要替被造反派批鬥的華僑同志，證明他們是因為充滿愛國心，才會從日本回國的。剛好，一九五二年到一九五六年的同學總會會報是我編輯的，我全部都帶回來了，我就用這些會報來證明『現在受到批評的誰誰誰，什麼時候是屬於同學總會的哪一個支部的』，用這個方法來辯護一些人是愛國人士。」

在文革結束之後，有人仍留在大陸，也有人放棄了在大陸的生活，回到日本，或是再到第三國。

郭平坦苦笑著說：「日本的朋友還以為我在文革時死了。」「不過我在一九七八年底被派任駐大阪領事館。隔年四月，寶塚歌劇團的台柱鳳蘭（華僑）要退休，在她的最後一場公演，我以負責僑務領事的身分到後台見她，當時的照片被報紙大幅刊登，我在蘆屋高校的同學看到報導，

駐大阪領事郭平坦夫妻，前往寶塚歌劇團首席紅星鳳蘭的退休公演。（郭平坦提供）

說『啊！郭平坦還活著，而且還成為中國的外交官回到日本了。』便很快地幫我開了歡迎會。」

郭平坦表示：「回國的四千位華僑中，有超過三千人又都回日本了。我也希望能多幫他們一些，也希望他們再多堅持一點。但他們也是相信祖國才回去的，沒想到竟然會被冤枉問罪，應該也很痛苦吧。想到那些已經離去的夥伴們，也覺得心裡難受得不得了。」

反右運動中據說有數十萬受害者，其中大部分是無罪的。到了文革時，有人說死者有一千萬人，被害者達一億人，但其實正確的被害人數已經不可能統計了。失去了本來應該帶

蘆屋高校時代的同學們得知郭平坦以中華人民共和國駐大阪領事身分回到日本，都感到十分驚訝，也十分歡喜，照片為在大阪梅田招待郭平坦夫妻的歡迎會。（郭平坦提供）

領大陸的許多有良知的知識分子，而留下來的生者也都帶著深深的傷口，只能選擇陰鬱地保持沉默。

當時在中聯部的林麗韞，在那個時期是怎麼樣呢？

「我是翻譯，總是和周恩來總理一起行動，是有接受對知識分子的再教育，但是並沒有成為政治檢查的對象。我的經歷，包括父母是台灣籍、是從日本回來的歸國華僑等，全部都毫無隱瞞地報告過了。而且我不是管理階級，只是一般幹部，一個研究員不可能被懷疑成走資派啊。」

在嚴峻的政治環境中為求自保，也只能堅守「潔身自好」的原則了。

「連劉少奇、鄧小平、朱德這些建國功臣都被打倒了，說心裡完全沒有動搖和混亂，是不可能的。我決定不要強出頭，就專心地研究日本問題。最後群眾說我是『白專道路』。那時，『紅專道路』是指有好的政治思想的人，而如果政治思想不好，但是工作做得好的人，因為有個人目的，就被叫做『白專道路』。我不是為了一己之私才研究日本問題的，不過還是被叫成『白專道路』。之後，群眾認為這無所謂，所以我可以回到組織中生活。」

林麗韞被叫做「白專道路」，所以未被送到專門改造知識分子或幹部思想、全國皆設立的「五・七幹部學校」，而是可以繼續一個研究員的生活。她強調自己沒有因為是「台灣出生的日本華僑」這個背景而受到刁難。不過，想想她也只能慶幸自己被叫做「白專道路」，就不難想像她在文革時期，應該也有不少的傷痕和芥蒂。文革時曾在大陸生活的作家陳若曦便說：「當時，台灣出身的人大概都是小心翼翼的。如果因為覺得大家都是同胞所以就完全不設防，這樣的人在那個時候是無法生存的。」

一心期待廖承志復職的周恩來

在文革時期，大部分對日工作部門的人員都下落不明。黨內各部門在文革時期也有造反派出現，不過為了符合毛澤東希望避免混亂的意向，像外交部、中聯部這些政府和黨的重要機關，以及軍事開發部門，都很早就在解放軍的管理之下，所以相對而言混亂比較少。

「一九六七年八月二十二日發生了火燒英國代理大使館事務所的事件[7]，可見中國的外交路線確實暫時受到極左路線的影響。但是外交方針本身還是在毛主席和周總理的直接指導之下，所以並未發生大混亂。關於中日邦交正常化的問題，都是毛主席親自處理，四人幫也無法妨礙。」林麗韞如此強調。

日中關係雖然降到了冰點，不過中共也認清了美蘇關係和中國局勢的變遷。接著透過「乒乓外交」，致力於改善對美和對日關係。每次的折衝和協商都是在周恩來的直接指導之下。

因為與日、美的關係日漸加深，在文革期間失勢的外交部門人員，也陸續回到工作崗位。尤其是在一九七一年之後，從日本來的外賓急遽增加，出現對翻譯和接待人員的需求，因此被打入冷宮的台灣人和歸國華僑也相繼復職。在該年的十二月，田川誠一、岡崎嘉平太等備忘錄貿易談判代表團的成員，到廖承志的私宅訪問，確認了他尚健在人世。

林麗韞對於當時的事有如下說明。

「在田中內閣上台的前後，周總理常掛念廖公何時會出來。每次開會的時候，周總理總會問『廖承志為什麼還不出來？他到底怎樣了？』他一直希望廖公盡快復職。」

周恩來在這個時期也是處於心力交瘁的狀態。

「在廖公復職的不久前，周總理接待從日本來的客人時，看起來好像恍恍惚惚的。

7　一九六七年五月開始，香港左派展開對抗香港政府的反英運動。為聲援這場「六七暴動」，紅衛兵放火燒毀英國駐北京代辦處，並毆打駐華代辦。

雖然不至於打瞌睡，但是在聽客人說話的時候，確實有一瞬間好像眼睛閉了起來，看起來昏昏欲睡的。周總理一向都是很有精神的樣子，竟然出現這種模樣，應該是真的很累了，所以讓人有點擔心。」

一九七二年六月，也就是在日中邦交正常化的不久之前，北京方面預期佐藤內閣即將下台，因此由周恩來親自指揮外交部、對外貿易部、中日友好協會，重新展開對日外交的布局。在文革時被造反派徹底批判，因此銷聲匿跡的廖承志，在六月中旬由他作東，招待遠藤三郎等日中友好舊軍人會訪中團的一行人，由此證實他已完全回歸政壇。

除此之外，孫平化、趙安博、張香山等在文革中音訊全無的對日關係專家，也一個接一個回到工作崗位上。中日友好協會的王曉雲，也就是「乒乓外交」的主角，轉任負責處理對日關係的亞洲局次長。蕭向前則出任中日備忘錄貿易辦事處的東京聯絡處首席代表，此貿易辦事處可謂實質的駐日代表部門。在這個階段，對日工作人員及研究人員一下子增加到約三五〇人，原本從事對日工作的台灣人也都陸續回到工作崗位了。吳克泰也於一九七二年九月重新述職，儘管並非回到原來的對日工作部門。後來證實，如果要掌握中共對外工作的方向性，台灣人在日中邦交正常化前後的異動極具指標性。

與日本的數次折衝和協商都是由周總理直接指揮。在外交談判的進度確定之後，相關負責人員常在半夜被周恩來叫出來，熬夜工作也是家常便飯，相關人員都說：「與日本的交涉特別磨人。」

在負責人員之間就有一種說法廣為流傳。「中國的外交界老前輩不曉得為什麼，頭髮都比較少。有一次周總理很風趣地說：『怎麼搞的，你們這些對日工作的怎麼特別多光頭啊？』孫平化會長聽到之後，也幽默地回答：『日本工作太費心了，頭髮自然而然掉得多啊！』」

所以在對日工作的部門，一直很流行開玩笑地說「頭髮都被日本人拔光了」。

從對日工作轉為對台工作：台籍人員相繼異動

在一九七二年日中邦交正常化之後，日本和大陸之間的經濟貿易關係、人員往來都增加了，東京與北京之間也開始進行締結和平友好條約的協商。台灣人可說一口如母語般流利的日語，對日本的事情也瞭若指掌，因此可發揮的地方也確實增加了。

不過在筆者對林麗韞、郭平坦、吳克泰等人進行口述歷史的採訪時，得知這些在對日工作部門活躍的台灣人，後來大多於一九七〇年代時，階段性地異動到對台工作部門。從對日工作轉換到對台工作，這兩個領域乍看之下毫無關係，但因為有「受過日本教育的台灣人」這段歷史因緣，讓這兩個領域可以無縫地連接在一起。

台灣人在對日工作中，被要求以「中國代表」的身分，在幕後發聲，但是在對台工作中，台灣人則被要求以「祖國代表」的身分站出來，與台灣同胞面對面。他們到底是在什麼樣的情況下投入對台工作呢？具體來說，又是從事怎樣的工作，取得怎樣的成果呢？訪談的重點也因此移到他們與台灣的連結，以及他們對台灣的感情。

林麗韞於一九八一年開始擔任台灣同胞組織「中華全國台灣同胞聯誼會（台聯會）」的第一任會長，此點將於後述。從這件事也可以看出來，在一九七八年締結《日中平和友好條約》，以及一九七九年美中邦交正常化之後，這些從事對日工作的台灣人，開始正式異動到對台工作部門。

異動集中在一九七〇年代的後半期，吳克泰表示其背景在於：

「首先，與日美的關係都改善了，因此認為之後應該比以往更積極地面對、解決台灣問題。而且，在大陸出生、培育的對日工作人員，到了這個時期也都可以獨當一面了。」

在一九七〇年代之後，過去在北京廣播電台日語部吳克泰等人底下實習的唐家璇等，也以對日交涉幕後人員的身分，正式參與日中邦交正常化的過程。這些在大陸出生、經由戰後的教育學習日語的人才，在對日工作中所占的比重也逐年增加。

郭平坦認為「現在看起來，好像是對日外交工作的成就把我們導向對台工作」，從一九七二年的邦交正常化到一九七八年平和友好條約的締結，對日工作十分順利地進展，因此便出現了可以展開對台工作的新環境。郭平坦本人於一九七八年十二月到一九八三年一月擔任駐大阪的中華人民共和國領事館僑務領事，卸任後，於一九八五年到一九九五年之間轉任台聯會副會長，主要負責推動與海外台灣人的交流。

筆者根據他們的證言，整理當時的紀錄，發現確實在日中邦交正常化不久之後，這股變動的浪潮就已經啟動了。

若是大致回顧一下北京對台工作的方針，可以發現北京方面在推動對台工作時採取兩面策略。北京一方面在一九四九年兩岸分裂之後，對逃往台灣的國民黨進行恫嚇與懷柔，同時又在二二八事件之後，對感到自己與國民黨處於對立關係的台灣居民們進行喊話。雖說有這兩面策略，但重點還是對國民黨的工作。

不過在展開文化大革命之後，對台工作事實上處於中斷狀態。如同林麗韞所說的：「周總理提議在文化大革命期間，不要進行二二八事件的紀念活動，所以一切活動都處於停擺狀態。在中日邦交正常化之後，周總理才表示為了要得到台灣人的民心，還是應該舉行二二八事件的紀念會。」中共又正式展開對台灣的宣傳活動，是文革後期之後的事了。

林麗韞表示周恩來指示她去找廖承志，討論對台宣傳工作的問題。林麗韞說這應該是一九七二年底或是一九七三年初的事情，也就是在日中邦交正常化之後不久。「周總理要廖公和中央統戰部等討論，我也曾和中央統戰部的李金德副部長一起到廖公的宅邸拜訪。」

那次他們討論了在文革前期中斷的二二八事件紀念活動的問題。之後便召開了「台灣人民的『二二八』起義二十六周年紀念座談會」。二十六週年這個不上不下的數字讓人感到有點不自然，不過一九七三年舉辦的這個紀念座談會，確實是由周恩來指示廖承志正式重新展開對台工作的第一步。

座談會是由中國人民政治協會會議全國委員會主辦，除了廖承志之外，還有政治協商會議全國委員會副主席傅作義發言，曾為中華民國陸軍中將的杜聿明和工商界大老榮毅仁也出席了該座談會。和國民黨淵源甚深的這些人也都出席，表示「二二八起義紀念座談會」的真正目的，除了向台灣人民發出訊息之外，也許更重要的，其實也包括對國民黨高層的喊話。

在座談會中發表的談話，除了讚揚毛澤東與文革之外，還藉由強調美中關係的親近，重申「兩個中國」、「一中一台」、「台灣獨立」、「台灣地位未定論」等都已經失敗，台灣居民應該向祖國大陸靠攏，重申美中關係改善後中共方面的態度。

座談會中還有台盟代表蘇子衡、田富達，以及吳克泰、葉紀東等人以二二八事件參加者的身分出席，並都分別發言。參與對日工作的台灣人，如林麗韞及蔡子民，也都出席了。

在文革中遭到批鬥的吳克泰，此時又重新回到北京中央這個舞台，這和當時從事對日工作的台灣人於前年日中邦交正常化前後，陸續回復原職的趨勢一致。而且出席了這天會議的吳克泰和蔡子民、林麗韞等人，後來也都從對日工作部門調到對台工作部門。一九七三年二月的這場會

文革後重逢的吳克泰夫妻與子女。（吳克泰提供）

議，其實暗示了站在對日工作第一線的台灣人，可能將被調動到對台工作部門。

其實如果只看林麗韞的話，她在一九七一年的這個階段，已經出現在對台工作的第一線了。在留學美國時曾參與保釣運動的電影導演王正方，與四位保釣運動者一起祕密訪問北京，並於十一月二十三日深夜，在人民大會堂會見周恩來。王正方表示在長達六小時的會談中，章文晉（後來成為駐美大使的外交官）、馬文波（外交部副部長，原本是軍人）、羅青長（從一九五〇年代就開始從事對台工作）等部長級的人都在場，當場也有林麗韞。

林麗韞表示在一九七三年前後，居住在大陸全國各地的台灣省籍共產黨員都被集中到北京，舉行了首屆黨代表選舉。在一九七三年八月召集的中國共產黨第十屆全國代表大會中，首次出現由台灣省自己組成的「台灣省籍黨員代表團」。

這一連串的動向，都預告了兩岸關係即將發生變動。

第四章

台海兩岸之間的暗流
——台灣人的羈絆

美中邦交正常化之後強化的對台工作

北京方面在一九七〇年代末期，也就是文革結束後，決定加強對台工作，這是因為當時鄧小平的指導體制已經確立，美中關係也有了大幅度的進展。一九七八年十二月十六日，美國表示要在隔年的元旦與中華人民共和國建立外交關係。與此同時，北京方面也在十二月十六日，停止了自一九五八年的八二三炮戰以來，對金門持續進行的「單打雙不打」炮擊。

而在美中邦交正常化的一九七九年元旦，北京方面也以全國人民代表大會常務委員會的名義發表「告台灣同胞書」，呼籲兩岸進行三通（通信、通航、通商）和四流（學術、文化、體育、工藝的交流）。在該年九月三十日，全人代常務委員長葉劍英又發表了「九項建言」（葉九條），提出第三次國共合作的想法，除了兩岸三通之外，另表示讓台灣成立特別自治區，可以保有高度的自治和獨自的軍隊。如上所述，在美中關係改善的同時，北京方面也一併發表了對台政策的重大方針。

在美中邦交正常化之後，中共擱置以武力解放台灣的路線，改打和平統一路線。台北的蔣經國政府也不再喊出「光復大陸」、「反共復國」的口號，改喊出「三民主義統一中國」，可見兩岸間的軍事緊張關係漸趨緩和。就是從這個時候開始，本來在北京方面從事對日工作的台灣人，也大量異動到對台工作的單位。

北京之所以要展開對台工作，還有一個原因，就是急著要解決住在大陸的台籍人士所面臨的問題。

在一九八〇年代之後，除了台盟等原本的對台工作部門之外，中共又以住在大陸的台籍人士為對象，相繼成立了許多組織。並在一九八一年六月召開的中共第十一屆中央委員會第六次全體會議中，發布了「關於建國以來黨的若干歷史問題的決議」，將文革定位為「十年動亂」，加以全面否定。同時為了重建經濟與掌握民心，文革時期無數受迫害者的名譽該如何恢復，也浮上檯面成

人民日報
RENMIN RIBAO
国防部长徐向前声明
停止炮击大、小金门等岛屿
中华人民共和国全国人大常委会
告台湾同胞书
（一九七九年一月一日）

北京政府於1979年元旦以全國人民代表大會常務委員會的名義，發表了「告台灣同胞書」，呼籲兩岸要三通（通信、通航、通商）和四流（學術、文化、體育、工藝的交流）。照片為同一天《人民日報》的頭版。右上方則刊載了國防部長徐向前宣布「停止炮擊金門等地」的聲明。

為危急的課題。尤其是被懷疑有台灣或海外關係的人，遭受到十分嚴厲的攻擊與迫害，因此很早就期待可以成立組織，專門處理台灣人與華僑的名譽恢復和被害救濟的問題。

因此在一九八〇年十一月二十二日，首先成立了大陸第一個台灣同胞組織「浙江台灣同胞聯誼會」。接著在翌年四月，福建也成立了同樣的組織。以服務台籍人士為目的的組織相繼成立，而這股動向與中央層級成立對台工作機構的動向也互有連結。林麗韞對於這些組織的背景的說明如下：

「周總理生前就一心記掛著因為文革而中斷的對台工作能否重新開始，鄧（穎超）大姐繼承了這個遺志。鄧大姐很重視大陸第一個成立的浙江台灣同胞聯誼會，並且準備成立全國規模的台灣同胞聯誼會。」

據聞在創立全國規模的台灣同胞組織時，廖承志也竭盡心力。廖承志在一九八二年時向蔣經國發表公開書信，呼籲雙方進行會談、促進中國統一，他晚年在對台事務也具有一定的影響力。

當時台海兩岸之間的往來還未開放，大部分的大陸居民都是透過電影和文字等宣傳資料間接了解台灣。因此林麗韞說，他們對台灣的認識很淺薄，也有很多錯誤的印象。「譬如說：許多大陸人不知道其實台灣大部分的居民是漢民族，還以為台灣人都是高山族。」

在北京正要開始摸索與台灣之新關係的時期，若要推動今後的政策，讓大陸居民對台灣有正確的認識，是不可避免的當務之急。

林麗韞說：「鄧大姐對於許多台灣同胞因文革而受到迫害，感到十分痛心，而台灣海峽兩岸因為長年的隔絕，雙方居民都互不了解，為此她也感到十分憂心。」鄧穎超很早就看出，原本是為了關懷當時住在大陸約二至三萬台籍人士的組織，在不久的將來，必將成為對台工作的第一線，她也對此抱有期待。

對台灣同胞工作傾注全力的鄧穎超

鄧穎超指示亡夫周恩來的舊部下林麗韞，協助在文革時期遭到迫害的台籍人士恢復名譽，並且成立一個組織，以促進與海外台灣人和台灣居民的交流為目的。當時也因為對日關係轉趨穩定，林麗韞便從服務二十餘年的對日工作部門調職到婦女聯合會。

「文革之後，婦女聯合會在尋找年輕的幹部。當時我是四十幾歲，但是婦女聯合會的其他人都已經六七十歲了，所以最後是因為『妳比我年輕』的理由，我就被派到那裡了。」

雖然林麗韞是這麼說的，但其實是周恩來夫人舉薦她的。鄧穎超在一九七九年四月正式訪問日本，當時林麗韞以副團長的身分隨行。該行走訪了東京與京都等與周恩來有關的地方，鄧林兩人就因為那次的拜訪行程，而加深了彼此之間的關係。

鄧穎超對林麗韞在婦女聯合會的表現感到滿意，很早就推薦台灣出身的林麗韞，出任正在籌備中的台灣同胞組織負責人。為了撫慰在文革期間受到傷害的台籍人士的感情，並且重新建立信賴關係，必須特別重視血緣和地緣關係。

鄧穎超開始對林麗韞下達指示，要她以台灣同胞組織籌備委員會負責人的身分準備組織之成立。首先要依在大陸各省居住的台灣人口比例，派遣台籍人士代表到北京召開大會。新成立組織的定位既是「愛國團體」，也是「要服務台灣同胞的

與周恩來夫人鄧穎超（前排右）談話的林麗韞（前排左）。當鄧穎超在摸索要如何強化對台灣的工作時，推薦了亡夫過去的部下、因負責婦女工作而受到拔擢的林麗韞，擔任新成立的對台灣工作組織的負責人。（林麗韞提供）

團體」。

「如果台灣同胞需要保護或是支援的話，原則是要站在他們的立場加以處理。因此在一九八一年十二月二十二日成立了中華全國台灣同胞聯誼會，也就是台聯會。」

第一任會長便是林麗韞。

在此之前還有一個全國規模的台灣同胞組織「台灣同學會」，於一九八一年十一月三日在北京成立，這是以「在台灣就學、從海外留學歸國的知識分子（主要是一九七〇年代在北美參加保釣運動的學生）」為中心的組織。不過，第一個以維護所有台籍人士的權益為宗旨的團體，便是台聯會。

林麗韞（前排左四）以台聯會會長的身分，訪問居住在大陸各地的台灣同胞。攝於新疆。（林麗韞提供）

「當時，住在大陸的大多數台灣同胞，還正因為過去在政治鬥爭中被貼上的無謂標籤而受苦。鄧大姐指示我籌備台灣同胞的組織，也是為了幫助台灣同胞洗清冤罪、回復名譽，若是已經亡故的人，也幫助對方回復名譽，向台灣的家人刷清嫌疑。我也是台灣人，對這些事感同身受。我是抱著與對日工作相同的熱情投入這份工作的。」

因台灣情勢驟變而被迫調整的對台工作

在蔣介石去世之後，台灣的情勢急轉直下。自一九七一年退出聯合國後，在國際社會遭到孤立的情勢如一瀉千里，而在一九七九年元旦美中邦交正常化之後，確定已勢不可挽。同年底又發生「美麗島事件」，導致美國施壓，要求台灣促進政治民主化。台灣素為「開發獨裁的優等生」，然而在高度經濟發展的同時，也掀起要求政治民主化的聲浪。

台灣的情勢急轉直下，使得北京方面的對台工作也被迫面臨調整。傳統的做法是透過「民革（中國國民黨革命委員會）」和「台盟」進行對台工作，不過就算是恭維話，也很難說這種做法有任何效果。這是源自中共的傲慢和錯估情勢。

首先是對國民黨工作的失敗。北京方面除了對國民黨以武力恫嚇之外，還計畫由

「民革」的幹部，透過這些留在大陸的國民黨左派與遷到台北的國民黨接觸。但是對於台北的國民黨而言，「民革」只不過是很沒志氣地向中共投降的左派分子團體，不要說是作為協商或談判的對象了，就連它的存在，都沒有必要在意。台北方面從頭到尾就沒把「民革」放在眼裡。

還有一點是中共對台灣的民意並未正確理解。共產黨根據過去國共內戰的經驗，一廂情願地認為對國民黨感到反感的勢力和民眾，會無條件地支持共產黨。其實在二二八事件前後，台灣內部以知識分子為中心，曾經對中共有很高的期待，因此台盟希望和這些勢力聯手。不過因為台北政府徹底的清共（所謂白色恐怖的原意就是針對共產黨進行思想和身體上的整肅），與中共有共鳴的勢力已經被徹底從台灣島內掃除，而且不可能復甦了。

由於這些狀況，北京在對台工作方面幾乎已是無計可施，而且因為美中邦交正常化塑造了兩岸的新環境，促使中共必須加速調整對台工作的方向。

不過，如果要解析本書中好幾次提到的「台盟」的成立過程，就必須提到從戰前到戰後大約二十年間、台灣的共產主義興衰的歷史。

由台灣人所組成的正式共產主義組織，可以追溯到一九二八年在第三國際的指示下，於上海成立的日本共產黨台灣民族支部。這個組織一般被稱作「台灣共產黨」（舊台共），其實它不論在血緣或相似性、甚至是民族解放的大目標上，都和中共的關係更為密切。不久之後，它遭到日本政府的嚴格取締，所以組織幾乎遭到消滅。

戰後，共產主義勢力在台灣再度抬頭。一九四六年初，中共的台籍幹部蔡孝乾、張志忠等人陸續返台，在各地結成祕密組織。祕密黨員一開始只有七十人左右，但在二二八事件之後急遽增加，最盛時曾經達到近千人。

但是，在一九四九年十月，台灣省工作委員會遭到舉發，書記蔡孝乾投降，並供出了祕密黨員名簿，中共的台灣地下組織幾乎在一瞬間崩壞。除了自行招供的幹部之外，大多數中階幹部被處以死刑，低階幹部則繫獄。僥倖逃脫的祕密黨員雖然在新竹和桃園等山區，圖謀再重建組織，但是因為兩岸已經處於分離狀態，無法從中共獲得任何支援，最後在一九五二年四月，組織被完全消滅。

在二二八事件之後，部分共產主義者團體從台灣逃到大陸及香港，其中包括女性共產主義活動家、台灣共產黨創始黨員謝雪紅等人。後來，以舊台共的相關人士為中心，台灣民主自治同盟，也就是台盟，在一九四七年十一月十二日於香港成立。台盟的綱領中明列要「成立民主聯合政府，建設獨立、和平、民主、富強、健全的新中國」，並且要「徹底實施台灣省的地方自治」。台盟參加了一九四九年九月的中國人民政治協商會議第一屆全體會議，並為八大民主黨派之一，除了因文革而停止活動的時期之外，也擔任了許多對台工作，例如主辦紀念二二八事件的活動。但是，台盟對台灣的工作，稱不上被許多台灣居民接受。大多數的台灣居民就只知道謝雪紅的名字，但是對於台盟，可能連這個組織的存在都不知道。

台灣民主自治同盟首席代表謝雪紅。（徐宗懋提供）

「國民黨的失政醞釀出台獨運動」

在戒嚴令之下的台灣，左派接二連三地遭到舉發，有人被處以死刑，也有人選擇轉向，還有人從台灣逃亡到大陸或海外。於是台灣的左翼勢力就被消滅了。

逃亡日本的廖文毅在一九五〇年，於京都宣布成立「台灣民主獨立黨」，這是海外台獨組織的濫觴。廖在一九五五年前往東京，並成立「台灣臨時國民會議」，翌年又宣布成立「台灣共和國臨時政府」，自命為總統。

不過，據郭平坦所說，「我知道廖文毅的集團。我在神戶有一位叫做陳梧桐的親戚，用從台灣走私賺得的錢供廖文毅的集團之用，因此被任命為『財政部長』。不過在一開始的時候，日本的台灣人社會幾乎沒有人搭理廖文毅等一幫人。」一九五〇年代投入日本左翼運動的郭平坦，根據當時的狀況分析在日台灣人的心情是：

「雖然憎恨在故鄉台灣施行暴政的國民黨，但是身為台灣人究竟應該怎麼做，大家也不知道，對於大陸的事情也不了解，所以結論就還是『自己來』。我猜在理解新中國的狀況之前，許多在日本的台灣人是這麼想的。現在想起來，其實覺得和台獨派的主張很類似。我如果在台灣的話，說不定也會成為台獨派。其實好像是在中學的時候，我曾順口說過一定要打倒國民黨、讓台灣獨立之類的話，當時被父親大罵了一頓，父親說：『別說傻話！提台灣獨立做什麼！』一九五〇年代初期，日本沒有任何台獨派的影子。在這種狀況之下，戰後不久的日本台灣人社會中，為了與國民黨對抗，中共變成最實際的選項了。」

雖然共產主義在台灣失去了舞台，不過至

郭平坦近照，於2013年夏天攝於北京市內自宅。（作者提供）

少在一九五〇年代的海外台灣人社會中，為了對抗國民黨，它被留下來成為有力的選項。在一九五〇年代，超過四千位日本華僑前往大陸，這個人數相當於當時日本華僑總人數的十分之一，其中則有三分之二是台灣人。的確，若是考量這個數字，便可感受到在日本的台灣人一方面對國民黨深感失望和氣憤，而另一方面，對新中國也有強烈的憧憬。

對於反國民黨勢力如何變質成台獨派的核心，郭平坦有以下說明。雖然篇幅有點長，但這十分有助於理解左派台灣人的思考方式，而且也提供了許多重要的線索，讓我們釐清左派和台獨派微妙的共通點，因此照原文收錄如下。

回到大陸之前與家人合影。前排左起第二人為郭平坦，後排中央為郭妻陳富美。（郭平坦提供）

「國民黨的官逼民反造成了二二八事件。而在二二八事件之後不久，許多台灣知識分子認為應該將人民解放軍迎進台灣，以打倒國民黨，這樣想的台灣知識分子人數超過今日的想像。後來台灣社會充斥著『不讓說、不敢說、不要說』的氛圍，所以這個事實在公開場合是不能說的，不過，當時的台灣民眾其實不要求獨立，台獨不成氣候，只是希望獲得對等的對待，能夠在高度的民主自治之下，過著安定的生活。但國民黨並不理解這一點。」

「在一九五〇年代真正進入白色恐怖時期，當時最優秀的菁英都遭到殺害。他們不是因為身為台獨派，就是因為支持共產黨等理由，而遭到殘酷的殺害。當時的知識分子很容易對共產黨的主張產生共鳴，這點在日本和台灣都是相同的。國民黨打從心底恐懼台灣人的菁英會和共產黨聯手，所以進行徹底的整肅。其結果使得逃過一劫的台灣人菁英也不再敢支持共產黨。而且國民黨後來還展開全面的反共宣傳，使得和共產黨的連結在實際面和心理面都不存在了，最後造成了『自己來吧』的想法，也就是台獨的傾向被凸顯出來。所以將二二八事件說成台獨的起源是不對的，二二八事件並不是台獨的起源。」

「在一九五〇年代之後，前往日本和美國的留學生，尤其是到美國的那群人倒向台獨的理由便在於此。白色恐怖之後的台灣，因為有著對國民黨的反感，同時受到國民黨的反共宣傳之影響，變質成為對大陸的分離意識。反對國民黨、要求民主化的傾向因為受到美國留學生運動的牽引，變成認為唯有台灣獨立，才是實現民主化的最可能選項。」

「現在各種學者提出台灣人的日本情結是台獨的根源，台獨的背景在於日本，但其實不是這樣的。國民黨的鎮壓太過雷厲風行，才開始有人認為日本還好一點呢。被扭曲的日本情結的元凶其實是國民黨，我認為是國民黨的失政造就台獨派的。」

郭平坦認為「是國民黨的失政造就台獨派」，這番話似乎道出了與中共站在同一陣線的左派台灣人的懊惱。那之後又出現中共對台灣狀況所展現的無知與不理解，而自認為改革者的人，往往會因獨善主義而產生傲慢與無感，再加上「列寧主義政黨」一直有教條式僵化的沉痾，讓台灣民眾對中共更加感到感冒。如果一併考慮這個事實，說是「共產黨的傲慢助長了台獨」也可以成立吧。

總而言之，因為共產黨在台組織的崩壞，失去了左翼的繼承者，於是台灣島內的部分反體制運動漸漸與海外的台獨運動步調一致。當中共要展開對台工作時，存在的問題是：其實在台灣，早就幾乎都找不到具有相同價值觀的繼承者了。

站在對台工作第一線的台灣人

台聯會在一九八一年成立，由林麗韞出任第一屆會長，依照當初成立的宗旨，例如幫台籍人士回復名譽等，主要是負責一些對內業務。但在不久之後，就開始大量從事對台交流。

其中之一是解決在文革時期受害的台籍人士的名譽恢復問題，而這在一九八〇年代中葉已經大致獲得解決。除了透過在台灣幾乎沒有共鳴者的台盟和民革進行對台工作之外，這時候也開始認為應該以更接近台灣居民的觀點，來推動工作。台灣島內正由反共政府統治，要在台灣島內重新尋找中共的代言人，這是不可能的事，必須讓台灣人站在對台工作的最前面，也就是基於這種判斷，最後決定讓政治色彩比較淡薄的台灣同鄉組織站在對台工作的第一線。

其實在北京也可聽到能證實這件事的說法。台盟中的某位台籍老活動家便指出：「對台工作的基礎應該是統戰思想。如果要讓統戰達到最大的效果，當然應該進用台灣人。」他還接著說：

「如果要把國民黨逼上末路，與台灣人民的連結是絕對必要的。中共原本就應該更積極的支援台灣的民主化。但是廖承志這些人不重視對台灣人民的工作，反而只重視對國民黨的工作。對國民黨的工作已經有民革這個專門的組織，但就算有其他組織，結果也都只以對國民黨的工作為優先。」

對於這點，郭平坦也有類似的想法。

「中共就連解放戰爭的土地改革，都是經由大眾工作而成功的，由此經驗出發，中共基本上是很重視大眾路線的。但是對台工作卻受到過去兩次國共合作的經驗干擾，因此從一九五〇年代開始，就以國共合作為優先。雖然蔣經國在一九八七年讓探親解禁，但這是因為在一九七九年的告台灣同胞書中，提到要接受探親，而台灣人民也對此主張做出回應，所以國民黨再也無法阻擋這個潮流。但是中共高層的腦中只有第三次國共合作，而且也不夠理解台灣人，所以忘了先前有探親解禁的成功先例，還是只偏重對國民黨的工作。一個政權不可能會放棄自己的權力，蔣經國只是假裝要與大陸對話，一邊在爭取時間罷了。」

在台灣當局於一九八七年開放台灣居民到大陸探親之後，台聯會的人開始真正頻繁地在台灣

1988年1月20日，第一個台灣返鄉探親團「外省人返鄉探親促進會」登上了長城。（徐宗懋提供）

居民面前現身。其實在開放探親之前，台灣居民也有人偷偷前往大陸，不過因為可以合法前往大陸了，許多台灣居民，也包括在大陸應該已無親人的台灣人，開始用各種名目，主要經由香港前往大陸。台聯會的成員也因為負責接待台灣人，而登上了兩岸交流的真正舞台。對於走訪大陸的台灣人而言，台聯會的成員在地緣和血緣上比較接近，又說著同樣的方言，在心理上對他們比較容易接受。台聯會透過這些到訪大陸的台灣人，擴大了與台灣同鄉的大範圍人際關係，而這是中共之前一直無法做到的。

台聯會的成員有時會以大陸代表的身分，出席海外的台灣同鄉組織所舉辦的聚會等。這裡所介紹的照片，便是在美國的

訪問美國時，出席由台灣同鄉會主辦的座談會之郭平坦（左一）。右起為彭明敏、張旭成，再隔一個人是陳唐山。（郭平坦提供）

台灣同鄉會所主辦的一次討論會中的一張側拍。郭平坦的旁邊是彭明敏，再過去還可以看到張旭成、陳唐山、蔡同榮等人。他們當時無法回台灣，就留在美國從事台獨運動。郭平坦這些代表北京的台灣人會出席這種聚會，向住在海外的台灣人說明中共的台灣政策，並與台獨派的評論家展開辯論。

郭平坦是這麼說的：「台獨派對我而言，並非完全陌生的對手。我的表兄弟也是台獨派，我們常展開辯論。在和彭明敏等人會面時，我也會對主張台獨的他們說明台海兩岸統一的重要性。我們的政治立場雖然不同，但都是站在台灣人的立場，思考怎麼樣對台灣才是好的。」

他對於台聯會的定位和存在的意義是

聚集在北京的左派台灣人。右三為郭平坦，中央為陳映真，左三為吳克泰。（郭平坦提供）

這麼說的：

「簡單來說，台聯會是與台灣人，尤其是台獨派來往的部門。在黨中央，只有台聯會是對民進黨的窗口。我們也是台灣人，所以對黨外或民進黨的心情和想法都很了解。在一九八〇年代中葉，我到美國與台獨派會面，把他們的意見如實傳達給北京中央，結果也被中央誤認為『台聯會主張台獨』。中共無法理解為什麼台灣人會支持黨外。其實，黨外就是反國民黨的聯合陣線，內部也不是眾人一心，而且也不是全都主張台獨。台聯會一直建議中央不要偏重國民黨，應該更重視台灣人。」

「除此之外，與參與黨外的左派人士如政治受難人互助會等進行交流，也是一個重要的任務。左派的原共產黨員和親共

與張克輝（左二）一起招待王曉波（右二）的郭平坦。（郭平坦提供）

人士共有三千至四千人，北京中央指示在台灣問題解決之前，不要動到這些左派，而與他們保持聯絡則是台聯會的工作。」

除此之外，他還強調「對黨中央始終主張要『充分理解台灣人民受到日本和國民黨壓迫的歷史，能夠體諒其心情，並採取台灣人民能夠接受的對台政策』」。而且就如同台北陸委會官員所說的（《九十年代》一九六九年九月號）——「目前大陸的對台統戰工作做得最全面、並最有績效的人，首推大陸台聯會顧問郭平坦」，台北方面當時一直對郭平坦的人脈保持高度的關注。

同一時期大陸方面所採取的方針，是連台北政府周圍的相關人士都要接觸到。

與藍博洲（左）、陳福裕（右）合照留念的郭平坦。（郭平坦提供）

林金莖便曾在一九八〇年代後半接到江濃的來信。江濃是嘉義人，也是林金莖在上海復旦讀書時的同學，後來留在大陸。信的開頭是與老同學的寒暄，後來就邀請他參加復旦大學的同學會，漸漸顯露出具體的目的。

林金莖回想起剛收到信時，有以下的感覺。

「就像在陰暗的遠方突然有人叫出我的名字，有種不可思議的感覺。感到很疑惑，但也有種懷念的感覺。我因為有公職在身，所以沒有回覆。不過竟然有同鄉來與我聯絡，這種柔軟的感覺和中共的對台工作一向給人的感覺不太一樣。過去中共的對台工作一向讓人覺得死板板的、很盛氣凌人的。」

與林毅夫（右二）合照留念的郭平坦（左二）。（郭平坦提供）

牽起兩岸台灣人的血緣關係

進入一九九〇年代之後，兩岸間的人民往來急速擴展。六四天安門事件雖然讓海外與大陸的關係冷卻下來，不過在一九九〇年之後，台灣對大陸的投資卻像是要彌補各國所拉開的縫隙一樣，非常快速地成長。各種身分的台灣人都開始走訪大陸，台聯會也必須對此做出反應。而在這股潮流中，也有許多人得以與自己久別的親戚再度重逢。

第一任會長林麗韞也在北京和自己的親人重逢。她是在一九八六年，亦即台灣開放大陸探親的前一年，得知台灣親人的消息。有一位山東省的老兵回大陸探親時，受她的姨媽所託，帶來照片。對林麗韞而言，這是到大陸之後收到第一封來自台灣的家書。三年後，也就是一九八九年時，母方的親戚十多人到北京訪問，並與她會面。林麗韞對於此事是這麼說的。

「又是懷念，又是高興，心情就像要飛起來一樣。都是壓抑了幾十年的感情啊。當年我搭船經過台灣海峽來到中國大陸時，以為大概過幾年就會回台灣了，沒想到一拖就拖了半個世紀，真是想都沒有想到啊。」林麗韞抱著姨媽哭了出來。因為她在姨媽身上看到了亡母的影子——她的母親在她來大陸不久之後，便去世了。

親戚們都知道林麗韞在北京政府的核心十分活躍。

「她們說在一九七二年中日邦交正常化時，在台灣的新聞中看到我，大家都覺得與有榮焉。不過在當時台灣的氣氛下，不可能公開說周總理的口譯就是我的親戚。而且也沒有我的聯絡方式，更沒有勇氣和我聯絡。」

在一九九〇年代，為了因應政治民主化，中華民國政府廢止了黑名單，因此海外從事台獨運動等反體制活動的台灣人陸續返台。再加上兩岸的交流擴大，對於戰後長期居住在大陸、不得其門返鄉的台灣人來說，也有了可能回台的機會。

一九九〇年代的初期也是兩岸雙方正摸索著如何改善關係的時期。台北方面在一九九〇年十月成立了國家統一委員會，又在隔年一月，設立了財團法人海峽交流基金會，作為兩岸民間交流中台灣方面的窗口，並在三月發表了國家統一綱領。接著又在五月，宣布終止「動員戡亂時期」，這等於事實上宣告了國共內戰的終結。

北京方面也在一九九一年十二月成立了海峽兩岸關係協會，作為對台灣的民間窗口機構，並在一九九三年，於新加坡展開兩岸民間首腦的會談。隨著兩岸經濟關係的進展，在這個階段也有強大的聲浪期待兩岸關係即將改善與升溫。

可是，一九九四年司馬遼太郎對李登輝進行了《台灣紀行》訪問。在這次訪問中，開始看到李登輝認為「國民黨是外來政權」等與台獨派相通的主張，也從這時候開始，兩岸關係變得十分微妙。而在一九九五年六月，李登輝以訪問留學的母校康乃爾大學為名目，逕行以非正式的方式訪美，在這之後的兩岸關係更是降到冰點。七月時，中國人民解放軍強行在東海進行飛彈發射演習，又於一九九六年三月，刻意挑選第九屆正副總統選舉的時機，間歇性的進行飛彈演習和三軍聯合演習，事態甚至緊急到連美國海軍都派遣航空母艦，到台灣鄰近海域進行警戒。

李登輝的用意是煽動「台灣意識」，把自己的形象塑造成「台灣人尊嚴的守護者」，好在台灣島內的政治鬥爭中取勝。而另一方的江澤民則希望籠絡以解放軍為代表的強硬派，藉由鼓吹「愛國主義」，強化自己政權的向心力。兩岸的領導人都在打政治算盤，也都充分利用了兩岸關係的矛盾點。若是說與前述司馬遼太郎對李登輝的訪問有何關係，李登輝這番「親日的發言」不僅在台灣內部掀起軒然大波，也造成了兩岸之間的對立。戰後台灣人對日本統治的評價，總是會與對大陸的態度有關，同樣的，大陸在戰後對日本的態度，也總是可以反映出當時大陸內部的風向——就像江澤民之後的中共政府揭櫫的愛國主義，都披著反日的民族主義的外衣。從這點來看，其實對於兩岸雙方而言，「親日」和「反日」都是反映出內部的舉動。透過「親日」和「反日」的口號，真正針對的對象是內部的對立勢力，以及台灣海峽的對岸，未必有意識地在實質上是針對日本，這點在兩岸雙方都是共通的。

如前文所述，在一九九〇年代之後，居住在大陸的台灣人也有途徑可以回台灣了。不過，在北京政府或共產黨核心活躍的台灣人如果是現正任職的話，原則上還是不能前往台灣探親。曾經擔任中共中央委員、全國人民代表大會代表等職位的林麗韞，就連參加親人葬禮等事由，都不被許可入境台灣，只有在一九九九年曾經因為擔任少數民族代表團的顧問，而回過台灣一次。是在二〇〇八年馬英九政府上台之後，狀況才有所改變。

周恩來的日語翻譯官口中的「老台北」——焜燦堂哥

這裡有一張照片。

坐在林麗韞旁邊的男士，便是因為在《台灣紀行》中為司馬遼太郎帶路而廣為人知的蔡焜燦。一九九三年時，他在司馬的作品中以「老台北」之名登場，因此打開了在日本的知名度。其後便自稱為「愛日家」，二〇〇〇年時在日本出版了《台灣人與日本精神》（台灣人と日本精神）一書，如這本書的副標題所示的，他呼籲「日本人啊，挺起胸膛吧」，並主張「台灣存在著日本現在應該學習的『正確的日本史』」。

這些主張讓日本的親台派十分心喜。小林善紀的漫畫《台灣論》中，便大力稱讚「蔡先生比日本人還要了解日本，比日本人更愛日本」，因此蔡焜燦在日本的親台派人士之間，獲得了廣大的支持。蔡焜燦本人也在二〇〇二年就任「台北市李登輝之友會」的會長，政治旗幟十分鮮明。

這張照片是蔡氏兄弟和林麗韞在台灣重逢時拍的。蔡氏兄弟是林麗韞的堂兄弟。林麗韞的父親原本出生於台中縣的蔡家，後來成為林家的養子，所以取名為「林水永」。林麗韞身處於中共的核心，而且立於對台工作的第一線，而蔡焜燦是台獨派的著名人物，雖然兩人的政治立場有一百八十度的不同，不過他們的家族在一九九〇年代之後，還是互相認同雙方的家族牽絆。林麗韞到現在還是很親密地稱呼「焜燦堂哥」。而關於她與「焜燦堂哥」的關係，在二〇〇五年的初夏，林麗韞是這麼說的。

林麗韞（左）與蔡焜燦。「周恩來的日語口譯」與「台灣獨立派的『老台北』」之間的親戚關係，象徵了連結台灣海峽兩岸之間的人際關係的微妙之處。（蔡焜霖提供）

「比起打電話，焜燦堂哥以前更常寄信給我，不過他有一段時間跟在李登輝後面，好像有很多發言。他也知道我是中國統一派，所以最近都沒有和我聯絡了，我也沒有去找他。和焜燦堂哥的上一次見面，是在一九九九年二月跟著少數民族代表團回到台灣的時候。焜燦堂哥和他的弟弟焜霖、焜璋一起請我吃飯。」

不過，林麗韞與「焜燦堂哥」一家人的重逢其實是在更早之前。在一九九〇年，「焜燦堂哥」的弟弟蔡焜霖以台灣的廣告代理公司代表的身分到訪北京，就在那時與林麗韞見了面。

「焜霖住在北京的釣魚台賓館，好像是他對旅館的人說『我有一位堂妹在北京，可以幫我找找她嗎？』有人就聯絡我說『有一位從台灣來的蔡焜霖先生希望見妳。』剛好我那時住得離釣魚台賓館不遠，我也很高興地飛奔而去。在戰爭的時候，我沒辦法從神戶回到台灣，但是還依稀記得焜霖的臉。重逢的時候，兩個人都淚流不止。」

不久之後，林麗韞也與「焜燦堂哥」見面了。雙方在北京的天空下，興味盎然地聊著故鄉台中清水的事，重燃了親戚之間的感情。但之後卻在她想不到的地方看到了「焜燦堂哥」的名字。司馬遼太郎在《週刊朝日》的連載〈街道紀行〉（〈街道をゆく〉）系列中，從一九九三年七月二日號到隔年的三月二十五日號連載了《台灣紀行》，其中「焜燦堂哥」便以「老台北」這個人物登場了。林麗韞這麼形容當時驚訝的感覺：

「焜燦堂哥之前到大陸來的時候，完全不提政治的話題。所以我知道『老台北』就是焜燦堂哥時，感到十分驚訝。焜燦堂哥的太太，也就是我的堂嫂，以及台盟第五期中央委員的主席蔡子民先生的太太是女子高校時期的同學。所以我們夫婦和蔡子民先生夫婦，以及焜燦堂哥夫婦，三對夫妻曾經在日本料理餐廳聚餐。那時候焜燦堂哥還特地帶了最喜歡的日本點心當伴手禮，告訴大家怎麼吃、還有這個點心的相關知識，當時充滿著家庭的氣氛。我們心中認為的焜燦堂哥的形象，和他的政治主張實在大相逕庭，老實說是感到有點困惑。」

林麗韞在戰後第一次回到台灣，是在一九九九年，當時也有見到蔡焜燦等人。那時離蔡焜燦在司馬的作品中以「老台北」身分登場，已經過了五六年，雙方也都知道彼此在政治立場和主張上的不同，不過還是無礙他們親戚之間的情誼。

「忘了是什麼時候，有一次我在家裡的廚房

在與中國大陸通航之後，林麗韞於1999年首度以少數民族代表團顧問的身分，重回台灣的故鄉，與蔡焜燦等親人見面。左起第二人為蔡焜燦，左三是蔡焜霖，右側中央是林麗韞。（蔡焜霖提供）

聽到我先生（彭騰雲）對著電話在唱歌。後來才發現是他是透過電話和焜燦堂哥一起在唱日本的童謠〈紅蜻蜓〉（赤とんぼ）。兩個都上了年紀的老爺爺，在北京和台北隔著電話，因為『很懷念』就唱起〈紅蜻蜓〉了。很好笑，不過也很可愛。」

「我在一九九九年因為公務回到台灣時，曾與其他兄弟們一起喝茶，他也邀請我說『麗韞妹，這次妳是公差回來，簡直不像探親。下次和妳先生一起回來，待久一點。我租一台小巴，你們夫妻加上我們兄弟三對夫妻，大家一起環台灣島一圈，慢慢繞。』」

林麗韞在二〇〇五年初夏說，儘管她對「焜燦堂哥」的回憶與蔡的政治主張之間的落差感到困惑，但她還是很懷念對家人的情感。

「焜燦堂哥其實也知道我在大陸是過怎樣的生活，不過還是特地來找我了。焜燦堂哥還記得我兒時的事情，在台灣短暫重逢時，他還對我說『麗韞妹，我知道妳喜歡吃蚵仔煎，今天有準備了』，他還是很細心地會為我著想。不過，看到他這幾年的政治發言，我感到他和司馬遼太郎一起見到李登輝之後，好像完全變了個人。」

親弟弟眼中的「老台北」

周恩來的日語祕書林麗韞與「台北市李登輝之友會」的會長蔡焜燦，兩人之間竟然有血緣關係，這件事在台灣也成為關注焦點。TVBS播出我等在北京對林麗韞進行的專訪，同時也在企劃對蔡焜燦進行採訪。蔡焜燦與林麗韞的關係於二〇〇二年七月時，在台灣及日本皆尚未被報導出來。當時蔡焜燦曾對筆者表明「在神戶有親戚」，應該就是指林麗韞的哥哥們。但是，蔡焜燦並未答應接受採訪，因此我們便訪問了蔡焜霖。以下內容是由共同採訪的徐宗懋所進行的訪談，也有一部分曾在電視上播出。

蔡家的成員早就知道林麗韞在大陸位居要職。

「很早以前就知道了。尤其是一九七二年中日建交時，當時日本的報章雜誌對林麗韞的事大炒特炒，有的還刊出照片。

親人來訪，與來訪大陸的親人開心相擁的林麗韞。（林麗韞提供）

說她是『出生於台灣的名人，是毛澤東與周恩來的日文口譯，也是中共的明日之星』。我們住在日本的大哥蔡焜炳就把這些報導剪貼起來，我們去東京出差的時候，就會拿出來給我們看。」

他也和其他的台灣親戚一樣，對林麗韞的活躍感到與有榮焉。

「我妹妹會去一般人沒有去過的地方，見一般人見不到的人。尤其是在大陸與日本建交這件事上盡心盡力。我認為她很厲害。可是當時台灣說她是『女匪幹』，所以我們在台灣都不敢公開提到這層關係。」

如前文所述，在蔡家人之中，蔡焜霖是最早和林麗韞見面的。蔡焜霖於一九九〇年在北京見到的那位「老太太」，和他

林麗韞與先生彭騰雲。於2002年攝於北京市內的自宅。（徐宗懋提供）

對林麗韞小時候的印象幾乎對不起來。

「她離開台灣、搬到神戶的時候才小學二年級。她的爸爸偶爾會回清水，不過我和她其實沒見過幾次面。算起來是隔了半個世紀才重逢，怎麼可能會認得呢？一九九〇年我走訪北京的時候，她到釣魚台賓館來見我。聽到她在賓館等我，我趕快趕回賓館。看到一位老太太，我馬上覺得應該是林麗韞，我們就抱在一起哭了起來。」

也可能因為是第一位重逢的堂哥，林麗韞認為比起哥哥焜燦，她和弟弟焜霖在「價值觀和對歷史的認識方面，感覺比較相通」。問起蔡焜霖對這一點的想法，他的回答是：

「大概是一九九〇年我從北京到上海之後，從上海傳真給她一封信的關係吧。傳真的內容是『回想起半個世紀以前，你的爸爸，也就是我的叔叔林水永和我父親對祖國的熱愛。隔了五十年沒見，今天的我們只能對國家的命運抱著萬千的感慨了。』和她聊天的時候，聊著聊著就有這樣的感覺。」

「同一家族的成員卻有完全相反的政治見解，這並不是很少見的現象。」

本次採訪的許多人都提到這種說法，也包括林麗韞在內。的確，同一家族橫跨海峽兩岸，又持有完全相反的政治意見，就像宋氏姐妹宋慶齡、宋美齡一樣，這種例子絕非少數。相對於認為中國統一才是理想狀態的林麗韞，就有主張台灣獨立的蔡焜燦。雖然大陸與台灣為一體的中華民國體制只不過是一個脆弱的框架結構，也只歷經了短短數年，卻造成不少台灣人家庭的離別。

在一九五〇年九月，蔡焜霖因為參加學校的讀書會而以「叛亂罪」的嫌疑遭到逮捕。

「我認識的許多人都因為被懷疑加入共黨組織，或是因『匪諜』的嫌疑被判刑。這樣就被定罪的人，他們的兄弟往往都走上支持台獨之路。這是否就是被暴政壓制的人民要掙脫枷鎖而作的掙扎？我不認為他們的政治見解是『完全相反』的。」

蔡焜霖被逮捕對蔡家造成嚴重的打擊。

「我被憲兵逮捕的隔年，就被送到綠島去了。我家的家境在當時算是不錯的。我父親在清水進行各種買賣，經營一家鎮裡最大的百貨店。我是家中最沒有用的小孩，只因為聽老師的話去參加讀書會，就被抓去綠島關了十年。這對我父親的打擊很大，所以在一九五八年，他就自己了斷了生命。只要一想到這些，我到現在都還不能原諒自己。對祖國充滿嚮往的台灣青年，後來親眼看著自己的親人被抓去槍決或坐牢，當然會有被祖國出賣的感覺。我的父親應該也是如此。台灣光復後，國軍第一次來我們家鄉時，我父親幾乎是連鞋子都沒穿，就拿著中華民國的小國旗飛奔出去迎接國軍了。」

台灣蔡家在戒嚴時期的命運，可說是當時的台灣知識分子家庭常見的悲劇縮影。親弟弟遭到逮捕及坐牢，父親又因而自盡，當哥哥的焜燦為此感到激憤，想法也因而發生轉變，這也是不難想像的事。

蔡焜霖對於因為「老台北」形象而受到日本讀者廣大關注的哥哥，有很深入的觀察。「哥哥本來只是基於父子情和兄弟之情，而對政治有一些芥蒂，鬱結在心中。後來可能政治比較開放，可以公開講了。焜燦後來有跟我講，他應該更早為台灣做一些事情才對，所以他並不是突然改變想法。哥哥早些年去大陸的時候，曾跟林麗韞、張克輝、蔡子民見面，那時候他對大陸並不特別排斥。哥哥還為麗韞親自下廚，對於久別重逢，也感到十分欣喜。那時候，他還沒有強烈地表現出對政治有什麼看法。後來，可能是司馬遼太郎讓他因為『老台北』而出了名，他內心的許多想法才因此被觸發出來，可能是這樣子吧。」

從蔡焜霖所說的話中，可以感受到他高度的知性和理性，同時也總是對哥哥和家人帶著溫情。曾因國民黨而入獄的他，與位於中共政府的核心、希望與台灣統一的林麗韞，以及支持台灣獨立的「親日」企業家蔡焜燦，都仍保有情誼，而這正反映出兩岸人際關係的微妙之處。如果要了解兩岸人之間複雜的模式，蔡焜霖這種微妙又隱隱帶著溫暖人情味的關係，好像才是不可錯過的關鍵因素呢。

與共產青年李登輝在半世紀之後的重逢

國共兩黨的相關人士在兩岸雙邊關係中的生態為何，一直是歷來中國觀察家的重要課題，但在過去，研究對象大都是與國民政府一起逃往台灣的外省人，以及他們留在大陸的親緣關係和人脈。但是，擁有政治影響力的台灣本省人之中，其實也有許多相同的例子。他們這些被兩岸撕裂的台灣人，之所以一直沒有獲得關注，可能的原因包括：(1)在長期的戒嚴體制之下，若是有「大陸的親戚」或「大陸的朋友」，在台灣是會被隱瞞的；(2)在一九九〇年代之前，本省人不太能參與台灣的政治；(3)大陸方面的對台工作有大量台灣人參與，也是在一九八〇年代之後的事。

除了親戚關係之外，如果在過去是朋友或同志的關係，也有不少人因為兩岸關係的緩和，而回復過去的交情。下文將要介紹李登輝與他的「同志」們的關係，由此可以看到過去許多將夢想寄託於中共的台灣青年的影子。

從中共政府的新興時期到文革為止，吳克泰長期負責從事中共的對日宣傳工作，而他其實是在二二八事件之後，從台灣渡海到大陸的台灣人共產主義者。沒有什麼知名度的吳克泰一下子成為注目的焦點，是因為有報導指出，他是「李登輝加入中共地下組織的介紹人」。吳克泰在二〇〇二年初返回台灣時，也確實曾到李登輝的私宅造訪。李登輝在卸下總統之位後，明確地樹立了他要採取與大陸對決的路線，而他與吳克泰私下會面的新聞，讓標榜是台獨運動急先鋒的李登輝，給人還和中共地下組織時期的同志互通往來的印象，這對李登輝在民間社會的形象造成不少影響。

「在受日本殖民統治的台灣，我選擇了抗日的道路，對孫文和蔣介石十分崇拜，而在抗日戰爭勝利之後，我在上海看到了社會的現實面，受到很大的衝擊，因此開始改變想法。我感到很苦悶，並且認為中國有兩條道路可以選。一是國民黨的道路，還有一條是共產黨的新民主主義道路，我選擇了新民主主義的道路。」

吳克泰向筆者說的這番話，反映出在戰後不久，尤其是二二八事件前後，台籍青年普遍都對國民黨感到非常失望。他是在進入台灣大學醫學部之後，才選擇投入左派運動的，堪稱是放棄了近在眼前的財富和名譽、而選擇革命道

接受筆者採訪的吳克泰。於2002年12月19日攝於北京市內的自宅。（作者提供）

路的青年典型。他是在北京市內的自宅公寓客廳接受筆者採訪。在簡單乾淨的客廳書架上，陳列著一排河上肇的日語著作。河上肇是影響許多戰前左派青年的作者，著有《貧乏物語》及《資本論入門》等書。由此可以看出吳克泰在遠渡大陸之後，仍然很珍惜自己在台灣時的理想和回憶。

尚於台灣大學就讀的李登輝。約為1947年左右的照片。（徐宗懋提供）

吳克泰在訪談中說明在戰爭剛結束時，當時的中共地下組織在台灣的運作方式，也仔細提及他與李登輝的關係和李登輝其人。據他所說，李登輝大約是在一九四六年九月加入中共地下組織的，剛好是他從日本回來、編入台灣大學學籍左右的事。吳克泰當時在任職於中共台灣省工作委員會的蔡孝乾和張志忠的直接指導下，從事祕密工作，李登輝是第二位由他介紹加入的黨員。

吳克泰所吸收的第一位共產黨員是鍾浩東，他是作家鍾理和的異母弟弟，同時也是基隆中學的校長。鍾在一九四六年七月入黨，他一邊在學校工作，一邊擔任地下刊物《光明報》的主筆。但是，在一九四九年五月共產黨基隆市工作委員會成立時被當局發覺，鍾與學校的幾名學生一起遭到逮捕，並在一九五〇年十月遭到槍殺。蔡焜燦在他所寫的《台灣人與日本精神》一書中，就寫到在獄中，淚眼婆娑地一邊唱著〈幌馬車之歌〉，一邊向被拉往刑場的鍾道別的學生中，有一位就是他的親弟弟蔡焜霖。

對我黨同志李登輝的回憶

對於希望加入組織的人，中共都會要求他們提出自傳。吳克泰是李登輝的介紹人，所以也是少數幾個看過他自傳的人之一。吳克泰對於自傳的內容是這麼說的：

「寫的就是他的學歷和在日本受到什麼影響之類，很一般性的內容。毋寧說是從平常的對話中，會常感到李登輝讀過許多左翼的文獻。他對辯證法也很有概念。有一次，因為他說從事地下工作會需要，就給了我列寧的《組織論》。李登輝曾給我看他從日本帶回來的許多馬克思主義的書，不過看起來他對《組織論》相當著迷。」

吳克泰回憶起在一九四六年夏天，李登輝捧著日語版的馬克思《資本論》「拚命用功讀著」，並講述自己的抱負。他回憶起自己這時候覺得李登輝是一個「認真努力的人、愛讀書的好青年」。

「所以想讓他加入我們之中。我和張志忠商量，先得到張的同意，然後再和李登輝討論，他也表示想要參加。我把自傳交給張志忠之後，馬上就准許李登輝入黨了，並由我負責與他的單線聯絡，我們在曾文惠家（當時兩人還沒有結婚），每週會面一次。李登輝的黨費也是透過我繳上去的。」

一九四六年十二月，就在二二八事件發生之前，發生了美軍士兵強姦北京大學學生的事件（沈崇事件），吳克泰等台籍共產黨員受到中共華東局的指示，在台北發動了一萬人規模的學生反美遊行。李登輝也參加了那次遊行，當時的李登輝雖然十分沉默寡言，但還是會積極參與運動的黨員類型。

「李登輝是我當時個別聯絡的地下黨員之一，他本人也不希望曝光，所以我沒

中國共產黨於1947年在台北發起遊行，抗議「沈崇事件」，李登輝（前方側臉者）也有參與。個頭很高的李登輝就走在遊行隊伍的前端。李登輝屬於話不多、不過很積極參與運動的組織成員。（徐宗懋提供）

有給過他特別的任務。其實他自己也不是會在公開場合積極發言的人，不過會讓他看宣傳的傳單、聽聽他的意見。」

「在抗議沈崇事件的遊行中，台灣大學的學生是由李登輝和另一名姓劉的男學生帶頭的。兩人都是身高一百八十公分以上的高大男生，一起走在遊行隊伍的最前端。我們並未指示李登輝做這件事，是他本人決定積極參與的。當時的學生運動受到許多壓力和阻礙，訓導處和校內的特務會直接露骨地脅迫或是妨礙學生們，但是李登輝和其他人還是無所畏懼，勇敢地參加遊行。」

「對沈崇事件的抗議演變成大規模的遊行，由此可見當時包括李登輝在內的台灣人民，普遍懷有強烈的反美情緒。駐台北的美國領事柯喬治（George H. Kerr）寫了一本《被出賣的台灣》（*Formosa Betrayed*），書中把當時的台灣人描寫成崇拜美國人，這其實是把部分的傾向作了誇大的描寫，當時一般台灣人的態度並不像書中所寫的那樣。」

抗議遊行之後還不到兩個月，就發生了二二八事件，吳克泰一度逃回上海，之後又在一九四七年秋天返回台灣。李登輝也是在那個時候提出「黨內有動機不純的野心家」，所以退出了組織。吳克泰說「李登輝要求嚴守他加入地下組織的祕密，同時也發誓自己會嚴守祕密。之後李登輝的脫黨獲得批准，他和中共的關係就從此斷絕了。」

不過關於李登輝和中共的關係，另一位台灣人同志陳炳基卻有不同的說法。戰後，常參與左翼學生運動的陳炳基在二二八事件時，大約有一週的時間藏匿在李登輝家裡，接著才逃往上海，然後在一九四七年秋天又回到台灣。陳炳基表示在他回到台灣之後，馬上就聚集了包括李登輝在內的五名左翼青年，組成直屬於中共台灣省工作委員會「新民主同志會」。組織的名稱是根據毛澤東的著作《新民主主義論》命名。而「在一九四七年的十月還是十一月召開第一次會議時，其中有一個人突然表明『我是中共黨員』，並且號召其他成員也入黨。於是包含李登輝在內的三人也表明要加入」。該會的活動狀況是「每週舉行一次會議，並整理出組織章程。一開始是著手翻譯毛澤東的《新民主主義論》。因為台灣才剛結束日本的殖民統治，許多人還不會閱讀中文」。陳炳基表示李登輝在一九四八年才退出組織。

接受筆者採訪的陳炳基。於2002年5月16日攝於北京市內的旅館。（作者提供）

綜合吳克泰和陳炳基的說法，顯示李登輝是在一九四六年九月（經由吳克泰的介紹）加入中共地下組織，並於一九四七年八月退出，接著又在同年秋天再度加入，並在一九四八年春天二度退出。李登輝二度加入中共地下組織又二度退出的說法，就是根據這兩人的說詞。在二二八事件之後，進入「白色恐怖」，吳克泰和陳炳基兩人先後逃往大陸。已脫離中共的李登輝則留在台灣繼續完成學業，不過他和中共的關係也被特務機構知道，所以有很長一段時間都是被監視的對象。

在一九九〇年代之後，因為兩岸關係的緩和與接觸面的擴大，吳克泰等台籍共產黨員也相繼得以返鄉。吳克泰從一九九七年第一次返回台灣之後，到他二〇〇四年三月去世之前，總共回台灣四次。

吳克泰還在大陸的時候，就已經知道以前的同志李登輝在國民黨嶄露頭角、晉升高位。

「李登輝在文化大革命之後的動向我是知道的。在那之前，就完全沒有訊息了。我對他的印象本來就不錯，覺得他是可以跟著自己良心的人。與其讓貪污瀆職的其他人上位，讓李登輝來做應該是比較好的，我也期待他會選擇對台灣人最有利而正確的道路。」

他最後一次回台灣是在二〇〇二年，在時隔半世紀之後，又與李登輝重逢了。這次會面是由兩人共同認識的國策顧問曾永賢所安排的。曾永賢以前也是中共黨員，只不過吳克泰在當時並不知道曾永賢與中共的關係。對於與李登輝時隔半世紀之後的重逢，吳克泰是這麼說的：

「兩人之間沒有特別說什麼客套話，彼此好像就把自己想說的話說出來了。李登輝和我都是直率的個性，彼此都有想說的話，不過沒有爭論。和過去的朋友見面，當然會覺得十分懷念。如果不是這樣的話，應該他和我都不會提出來要見面。其實我在一九九七年第一次回台灣的時候，李登輝那邊就曾提出說想見面，曾有兩次派人來。不過那個時候他是總統，我也是政治協商會議的常務委員，不是可以見面的立場。到了今天，他卸任總統了，我也不在那個職位了。既然他說想見見面，我也覺得那就見吧。李登輝從以前就是屬於比較念舊的人，這點到現在還是一樣。見了面之後，他也叫夫人曾文惠出來。他還記得我在戰後曾經教過她北京話。」

互相講出自己想說的話，應該表示彼此的觀點有些不一樣吧。關於這點，吳克泰苦笑著說：「有些部分的看法的確不一樣。哎，這個部分就不說了」，表示不肯多談。

李登輝過去是中共地下組織的成員，所以他是否了解現在的中共呢？對於這個問題，吳克泰的回答是：

「除了國民黨之外，他也有自己的智囊團，包括曾永賢等人的智囊團會提供資料和情報給他，他會受到這些情報的影響吧。所以在知識層面，他可能了解得比我還多。不過能說李登輝對中共了解得很深嗎、很透徹嗎?那恐怕也不見得。李登輝所接觸到的都不是第一手資料,他是總統,不可能自己和共產黨有什麼直接的接觸。」

吳克泰對於當天與李登輝的會面,還有下列印象。

「感覺他很執著於所謂的台灣意識。口口聲聲都是要保障台灣人的安全和福祉,不過聽他說話,感覺他今後如果沒有把國內和國際的情勢、歷史、文化等好好考慮進去,會走偏,我有這種擔憂。」

二〇〇二年他與李登輝重逢時,正是李登輝已成功為了醫療目的訪日,且日本國內也高度關切李登輝的時期。中共當局認為「李登輝與日本的極右勢力立場相近,高度稱讚日本的台灣殖民史,有美化軍國主義的傾向」,並不隱藏他們對李登輝和日本的關係有強烈的不信任感。關於這點,其實吳克泰也無法隱藏他複雜的思緒。

「我對李登輝這幾年的言論和舉動感到很驚訝。過去參加地下黨組織的人,對於日本軍國主義會有這種看法和感情,是無法想像的。是他本來就是這種人嗎,還是後來變了,我搞不太清楚。在我看來,是他想要保障台灣人民的安全和福祉,而這個主張走向極端之後,就變成台灣要保持台灣獨立的地位,為了達到這個目的,他就必須要有靠山。不管是美國還是日本,只要能作靠山的都好。所以思想就慢慢偏了。」

什麼才是事實？李登輝全盤否定吳克泰的說法

「與過去的同志李登輝時隔半世紀之後的重逢」。台灣媒體下了這樣的標題，大幅報導了這位晚年在北京度過的台籍共產主義者的言論，並成為撼動政界的話題。對於吳克泰聲稱李登輝曾經加入中共地下組織，而且李登輝這位反共反中的先鋒現在又邀請吳克泰到他家中，兩人在時隔半世紀之後再度重逢，這些報導都震撼了台灣政壇。

從李登輝就任總統之後，關於他與中共的關係就時有傳聞，不過第一則具體的報導則刊登在一九八九年三月號的香港雜誌《廣角鏡》。該雜誌根據台北方面的情資指出：李登輝在參加台灣大學的讀書會時，經由吳克泰的介紹加入中共的祕密組織，並在畢業之前脫離該組織，而且李登輝也曾把這件事的細節向蔣經國報告。自稱曾在一九六〇年參與對李登輝的調查的前國防部軍事情報局偵防組長谷正文，也曾提出相同的說法，所以李登輝參加過中共地下組織一說，被認為具有一定的可信度（儘管李登輝主張自己不是在一九六〇年、而是在一九六九年被帶到警備總司令部的）。

這個問題在之後好像暫時被遺忘了，但是李登輝成功訪美之後，在一九九五年七月二十三日的《人民日報》中，又報導了李登輝與中共的關係，並指他「之後背叛了黨」，所以這件事情再度受到矚目。關於李登輝與中共的關係，後來出現了「李登輝為了在國民黨內取得高位，出賣了共產黨時代的同志」的耳語。與過去同志的交流，例如和吳克泰的重逢，原本應該是一個大好的機會，可以洗刷他背叛者的污名。

不過，李登輝並未這麼做。吳克泰承認他與李登輝見面的談話見報之後，李登輝馬上就透過第三人展開反駁：「我並不是吳克泰的部下。他的話沒有一句真話。共產黨員為了出鋒頭就可以信口開河，真令人感慨。」

這則新聞見報時，被李登輝批評為「聯共賣台、與中共勾結出賣台灣」的國民黨和親民黨等政黨，反過來批評「共產黨員李登輝才是真正的賣國奴」。而另一方面，不想讓事態擴大的台灣團結聯盟和民進黨，則極力為李登輝辯護，聲稱「當時滿懷理想的知識分子加入共產黨，是『愛台灣』的行為」。李登輝和他周圍的民進黨員在這個時期，走褊狹的「台灣本土路線」，激進地採取和國民黨及中共都對立的姿態，因此提高了向心力，但是吳克泰的發言暴露出李登輝和中共的關係，在這個時期的確對他相當不利。

不過，吳克泰的說法被報導出來之後，就突然聽不到李登輝和他周圍的人關於「聯共賣台」的言論了。「聯共賣台」的說法會重新帶出「共產黨員李登輝」的形象，所以迫使李登輝和他的追隨者必須自重。一直到二〇〇五年初夏，國民黨主席連戰訪問大陸，大為撼動陳水扁政府內部，李登輝等人才又再度以「聯共賣台」的說法展開人身攻擊。由這可以看出兩岸和解的趨勢是如何將李登輝逼上尷尬的處境。

雖然李登輝說吳克泰「說謊」，但是在李登輝的發言中，從來不曾正面否定他曾經加入中共的地下組織，以及與吳克泰時隔半世紀之後的重逢。而且，辯才無礙的李登輝幾乎都只是透過第三者間接做出回應，這也是很少見的。

不過，對於吳克泰的談話內容，李登輝似乎也感到不能置之不理。在二〇〇四年五月，由日本兵庫縣立大學教授吉田勝次所做的一次專訪中，李登輝在沒有人詢問的情況下，就主動說出「高中比我小兩屆的吳克泰所說的事完全是子虛烏有，寫出來的東西也都不是事實。他可以若無其事地說我兩度加入共產黨，又兩度退黨。他還說他曾經帶過、指揮過李登輝，這些都不是真的。」他強調了三次：吳克泰所說的全都不是事實。

李登輝這時候犯了一個很小、但是很嚴重的錯誤。被李登輝強調是「吳克泰所說」的「兩度入黨又兩度退黨」一說，其實是由第三人整理了吳克泰和另一位同志陳炳基的說法後，才得到的結論，吳克泰本人從來都沒有做出這種發言。而且李登輝雖然憤憤地說「吳克泰所說的都不是事實」，但是對於陳炳基（陳也曾提及李與中共的關係）的說法，卻從未發言否定。而且在同一次採訪中，李還說陳炳基「到了現在，說話都還是很實在」。

除了筆者的採訪之外，陳炳基也在其他許多場合中，提過李登輝與中共的關係。在筆者於二〇〇二年十二月所進行的採訪中，他表示「在一九九六年李登輝發表總統就職演說之前，演說的內容和行政院長的人選就已經洩漏了。而且他還要求我向北京方面傳達，表示在自己任內台灣不會獨立，所以叫北京放心。」陳炳基把李登輝的說法整理在報告書中，向中共中央統一戰線部提出。他這裡所說的一九九六年總統就職大典的演講原稿，在就職大典前一天因為被發現由日本記者洩漏，所以釀成軒然大波，因此緊急更換講稿。如果如李登輝所說的，「陳到現在講話都還是很實在」，就表示他的確加入過中共地下組織（至少一次），而就職演講的原稿，也是依李登輝自己的意思提早洩漏給中共中央，而非被外國媒體披露的。

在對吳克泰訪談的最後，筆者問他「李登輝說你所說的都是胡說呢」，吳克泰笑著說「他也只能這麼說了。不然他要怎麼說呢。」吳克泰在二〇〇四年三月於北京去世，這是筆者聽他講的最後一句話了。

聚集在北京天安門的台灣人共產黨員。左起為吳克泰、周青、陳炳基、葉紀東。（吳克泰提供）

讓左派與獨派結合的關鍵——「台灣意識」

前文提到吉田勝次對李登輝的專訪，其實還有一個有趣的點值得注意，它反映出台灣人微妙的心境。李登輝提到一位讓他感到親近、名叫「楊廷椅」的左翼青年時，說他「大概不是與中共有直接連結的黨員，而是屬於謝雪紅的台灣民主自治同盟那條線」，並作了如下描述。

「二二八事件之後，我和楊廷椅之外的其他人組織了團體，這個團體沒有清楚表明歸屬，不過確實和謝雪紅的台灣民主自治同盟有關。」

在這番發言中，李登輝想要透過「楊廷椅」或其他第三者的關係，明白暗示自己和謝雪紅的台盟有關係，以此試圖劃清他和中共的界線。這實在是一個很有趣的現象，也碰觸到台獨派和左派台灣人共通的心理狀態。

在一九五〇年代後半的反右運動時期，台盟主席謝雪紅因為被歸類為「地方主義者」而失勢，因此在台灣，以台獨派為中心，進一步強調「謝雪紅的分離獨立傾向」，並塑造出「分離主義者謝雪紅」的形象。這也是因為新中國成立之後，政治鬥爭不斷，台盟周遭一部分居住在大陸的台灣人之間，人際關係變得十分險惡，他們因而著眼於謝雪紅與中共之間的一些矛盾，試圖營造「分離主義者謝雪紅」的形象。

不過，台盟在一九四七年十一月成立時，宗旨的第十一條是「擁護開羅會議、波茨坦宣言，反對台灣的國際委任統治」，如其訴求所示，至少在李登輝暗示他與台盟有關的時期，台盟的主張是在「一個中國」的框架之下，主張台灣應有高度自治，它的本質和台獨運動根本就不相容。

儘管如此，台獨派要把謝雪紅等左派台灣人的活動定義成獨立運動，目的之一其實是想把台灣人的左派勢力抵抗運動歷史，直接歸類為獨立運動。基於這些想法，台獨派對謝雪紅幾乎是抱著一廂情願的同理心。這當中也隱約可見他們對反體制運動的先驅者，如謝雪紅等台籍共產主義者，抱著一種混雜著憧憬的自卑感，而同時出於對壓迫者的反抗，又萌生可以共鳴的「台灣意識」。

照片為正在視察的蔣經國，由當時的台北市長李登輝（左）陪同。李登輝在1970年代之後，因為蔣經國的拔擢而升遷快速。（徐宗懋提供）

支持中共的左派台灣人和從事台獨運動的台灣人，乍看之下兩者是對立的，但是看起來互相矛盾的兩個團體，如果從對國民黨的抵抗和反抗這一個面向來看，其實有許多共通點。筆者在進行採訪時，常感到台獨派的台灣人如果在早期接受到共產主義的洗禮，就會以左派運動者的身分在對抗國民黨，反過來說，如果左派的台灣人是在比較後期才向國民黨舉反旗，就會主張台灣獨立。同時，如果再想想林金莖，就會覺得如果國民黨在早期就廣泛地拔擢台灣人，台灣人與國民黨的關係可能就會很不一樣了。

不過，以「白色恐怖的受害者」自居壟斷政治和歷史的詮釋權，並把「台灣意識」當作廉價動員工具的人而言，這些賭上生命反抗國民黨的台籍共產主義者的存在似乎非常礙眼。

例如：在二〇〇二年的二二八紀念日，當時的總統陳水扁出席了嘉義的紀念儀式。儘管嘉義是當時衝突最激烈的地方，陳水扁始終未曾提及衝突的指揮者張志忠。張志忠當時是中共台灣省工作委員會的武裝工作部長，與新四軍有密切的關係。二〇〇四年二月二十五日，陳水扁在南投縣埔里出席選舉造勢活動時，呼籲大家「不要忘了發生在埔里的二二八事件的最後一戰」。陳水扁的慣用手法是喚醒民眾的二二八被害者意識、煽動群眾對國民黨和中共的反感，不過他也未提到在埔里展開武裝戰鬥的，其實是中共的地下組織。由這些事實看來，如果評判這些人為了自己的政治利益，而篡奪了中共台灣地下組織以鮮血寫成的歷史，其實並不為過。

由上述事實看來，李登輝一方面強調自己和中共沒有瓜葛，但在另一方面，又存著投機的心理，把與台盟的關係拿來為自己宣傳，這也是可以理解的。不過，如果李登輝的所言屬實，他一方面強調與吳克泰的共產黨組織有距離，但其實又自己承認了與另一個共產黨組織，一起有著「解放台灣」的夢想。不過，大部分當事者今天都已經不在人世了，要直接驗證此事是真是假，是相當困難的。由這點看來，對於李登輝的話，最好是像對待新的證言一樣，需要慎重以對。

台聯會所接待的「北京的陳水扁」

台聯會立於與台灣人交流的第一線，所以也有與以民進黨為代表的台獨派交流的管道，而這也是過去北京方面沒有的交流管道。而透過台聯會，也有許多民進黨相關人士到大陸訪問。其中也有許多激進的台獨派，果然基於血緣和地緣等紐帶的同胞意識，還是會超越政治的隔閡。

例如陳水扁就是第一位到中共統治下的大陸訪問的中華民國總統。陳水扁是在一九九一年七月出訪大陸，當時也有企業界人士和新聞記者隨行。負責接待陳水扁的是蔡寧，他是台聯會的成員、台盟主席蔡子民的兒子。對於迎接陳水扁的情形，蔡寧是這麼說的：

「陳水扁等一行人通知我們要到北京訪問，所以我們也準備了三台車到北京機場接機。不過陳水扁一見到我們，就很盛氣凌人地說『不必了』。陳水扁一行人預約了王府井的飯店，還準備了幾台賓士，很在乎排場。」

當時，陳水扁等民進黨人士常以「台商接待」的形式訪問大陸，不過這只是表面形式，實際上都是事先由台聯會策劃的。

蔡寧後來在陳水扁下榻的旅館，詢問陳水扁有何要求，陳水扁方面提出希望會見國防部長、外交部長及國務院總理。蔡寧回以「在時間上和政治上都是不可能的。我等第二天要為陳水扁舉辦座談會」。

陳水扁訪問大陸這件事本身並稱不上順利。實際上的負責人郭平坦是這麼說的。

「陳水扁在一九八九年十一月的立法委員選舉時，曾在報紙上刊登『台灣獨立萬萬歲』的廣告，北京方面對這件事十分在意。所以內部對於是否要接受他來，確有爭議。但是陳水扁表示希望訪問大陸溝通意見，所以還是決定接受他來了，並安排他與國務院台灣事務辦公室副主任唐樹備會面。會面時，陳水扁是一個人來的。會談採取一問一答的形式，主要是唐樹備在回答陳水扁的提問。陳水扁的提問集中在武力攻台的可能性，例如『怎樣的狀況下不會攻擊台灣』。陳水扁在會談中十分謙和有禮，完全未觸及台獨的話題。給人的印象是個很健談、腦筋也轉得很快的人。」

台聯會在晚上設宴招待陳水扁等一行人。據郭平坦所說，出席者全部是台灣人，席間的氣氛十分融洽而和樂。陳水扁在席間批評大陸的開放路線不全面，也不民主。郭平坦把只有共產黨幹部可以看，一般稱為「大參考」的資料給陳水扁看。對於當時陳水扁的反應，郭平坦是這麼說的：

「他大概讀完一遍之後，看得出來很驚訝地說：『你們比我們消息靈通得多了。』接著開始談他自己的政治信念，他強調『政治就是妥協。沒有妥協就沒有政治』。」

不過實際負責接待陳水扁的蔡寧卻有不同的印象。

「在座談會中，他用傲慢的口氣問我們這些台灣人第二代：『你們是台灣人，台灣是你們的故鄉。如果台灣人投票贊成獨立，共產黨對台灣發動攻擊、發生戰爭的話，你們要站在哪一邊？』極盡挑撥之能事。使得席間的氣氛為之一變。一般來說，來自台灣的客人是初次見面，又都是同鄉，大部分人講話時都有自己人的感覺，像他這樣的人很少。一開始就很挑釁，等於沒有要理解對方的意思，而且也讓跟來的記者有東西可寫，就是要利用他們作宣傳的意思吧。感覺是個很傲慢、又很會算計的人。」

在這次的北京訪問中，陳水扁除了走訪天安門和長城之外，還參觀了軍事博物館，並在人民解放軍的戰車前攝影留念。

在一九九一年訪問大陸之後，陳水扁又在一九九三年申請訪問大陸。當時兩岸的民間首腦正好剛在新加坡舉行完會談，民進黨內部也強烈認為應該趕上與大陸互相溝通的潮流。剛好陳水扁在黨內的對手謝長廷也申請訪問大陸。負責聯絡的郭平坦對陳水扁和謝長廷的不同回應，有以下說明。

陳水扁於1991年7月前往中國大陸訪問。照片為在北京的中國人民革命軍事博物館前攝影留念的陳水扁。（徐宗懋提供）

「謝長廷比較明確地表示『訪問大陸的目的只有視察在大陸的台商，沒有其他要求。』關於這點，陳水扁就比較多小動作了。一開始提出視察團的名目是『交流與視察』，後來又偷偷改寫成『外交與視察』。因為我方指出『兩岸之間不存在外交』，所以才不再提出『外交』云云。他提出希望會見的人員名單也很讓我方傻眼，包括國家主席、國務院總理、國防部長、外交部長、財政部長等十幾人在內。就算是美國總統來，也沒有要求見這麼多人。態度十分高傲，只差沒說是接受你們拜託，我才來北京的，所以最後雙方只好決裂了。」

之後，陳水扁對外發表是「因為北京方面提出了非常無理的要求，才決定取消大陸訪問。我們拒絕向中共投降」。陳水扁之所以要訪問大陸，其實只是為了要宣傳陳水扁「在與大陸激烈交鋒」的形象吧。

但是，陳水扁之後又依據當初訪問的行程，派遣助手羅文嘉到北京。台聯會依陳水扁代理人的規格款待羅文嘉，郭平坦回顧當時情況：

在北京軍事博物館展出的八一戰車前攝影留念的陳水扁。（徐宗懋提供）

「不管前面發生了什麼事，總之是有同鄉的客人來到北京，所以在全聚德設宴，也招待他遊故宮和萬里長城。羅文嘉好像也感到有點不好意思。」

訪問大陸的台獨派的各個面相

除了這些之外，台聯會其實還接待了許多民進黨人士。郭平坦一邊舉出姚嘉文和蔡同榮的名字，一邊回憶著。

「他們都動不動就來勢洶洶地說『台灣是獨立的國家』，但是又很喜歡我們的招待。那次我們在人民大會堂設宴，大陸方面的張克輝先生也出席了。張克輝和姚嘉文都在彰化出生，比姚嘉文稍微年長一點。姚嘉文也許是在張克輝面前有所顧忌

郭平坦於1993年在北京市內接待姚嘉文（左二）、謝長廷（中）等人。相對而言，郭平坦等北京方面的相關人士對謝長廷留下了良好的印象。（郭平坦提供）

吧，沒有提出台獨這類過於激進的主張。我記得席間是有達到賓主盡歡。」

台聯會不只是負責接待來自台灣的訪客。如果台灣方面的相關人士遭遇困難，也是由台聯會負責出面救助。郭平坦先強調這是「很久以前的事」，然後說他曾經因為蔡同榮的要求，而介入過一件事情。

「在一九八〇年代中葉，蔡同榮還在美國時，我曾經代表台聯會，和美國的台灣同鄉會等組織接觸，也和蔡同榮有過幾面之緣。我有一位在美國當大學教授的朋友，也是蔡的朋友，他有一次打電話到北京給我，說『蔡同榮有緊急的事想拜託你』。一問之下，原來是蔡的朋友從台灣偷渡到福建，被大陸方面拘留。當時不像今天這樣，可以公然地往來於兩岸之間。他說他的朋友可能會被引渡回台灣，並且遭到槍決，希望我幫點忙。他想幫的這個人也和他一樣是台獨派的，但我們確認了這件事不屬於刑事案件，而且這個人也有綠卡之後，還是幫他解決了。」

因為台聯會的介入，所以這個人被移送到上海，之後自己買機票回美國，讓這件事順利落幕。蔡同榮似乎也因為這件事而對郭平坦和台聯會銘感在心。一九八七年當郭平坦出訪紐約時，蔡同榮便設宴款待郭平坦等人，對他表達感謝之意。

「我和蔡同榮因此有了良好的私交，不過他只要在外面就會為了主張台灣獨立，而用很難聽的話罵大陸。他就是這樣的人，也沒有辦法吧。」

除了這些之外，還有很多台獨派的有力人士也紛紛出訪大陸。呂秀蓮在一九九〇年走訪福建省南靖，這是她移民到台灣的六代祖先的故鄉，並與現在還住在當地的親戚們交流。呂氏一族是居住在該地的客家人，走訪祖先舊地的呂秀蓮不僅在祖先面前上香，還從家族中庭的井裡打了水，把打上來的水帶回台灣。

呂秀蓮的哥哥呂傳勝也於一九八九年之後數度造訪故鄉，還在一九九九年出資贊助編纂族譜。在新整理的族譜中，也把當時在台灣擔任桃園縣長的呂秀蓮列為家族成員之一，並記載她有「卓越的成就」。親人之間的羈絆與尊嚴，輕易就能超越政治的隔閡。

郭平坦對於實際接觸到的民進黨員和

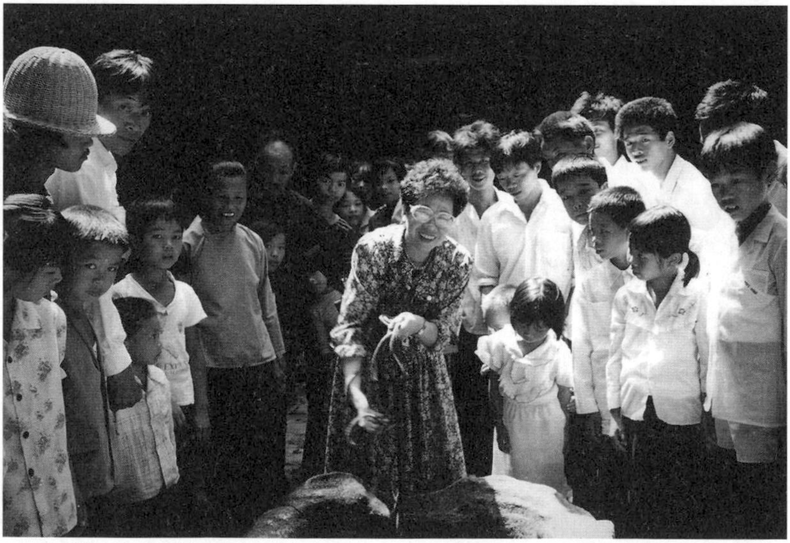

到訪祖先位於福建省的故鄉，由井中打水的呂秀蓮。她把打上來的水帶回了台灣。（徐宗懋提供）

台獨派，有下述印象。

「不管是民進黨員還是台獨派，我和大部分的人都是台灣同鄉，應該是意氣相投的。其中也有人不隱藏自己身為中國人的情感，也有人後來和我成為朋友。不過很遺憾的是，有一部分人在大陸，和在台灣的言行實在是天差地遠。如果見到不贊成台獨主張的台灣人訪問大陸，他們就批評這是『出賣台灣』，但是自己和夥伴訪問大陸時，明明也接受北京方面的招待、過得很愉快，卻強辭奪理地說這是『愛台灣』。我沒有辦法認同這種態度。不過，在大陸的言行和在台灣的發言有落差，這種事應該是他們自己最清楚吧。」

接待訪問大陸的呂秀蓮（中）的郭平坦（左一）。（郭平坦提供）

台灣人在對台工作上可擔任的角色和可能性

在一九七〇年代後半之後，北京方面的對台工作陣容因為斷斷續續地一直加入台灣人，所以出現了與傳統國共人脈不同的人際關係。在過去看來，北京方面的階級組織讓大部分台籍人士，無法進入中共的中央層級政策決定部門，他們的價值觀也無法直接影響北京方面的台灣政策。郭平坦也說：「國台辦和海協會都沒有台灣人。張克輝雖然成為國台辦副主任，但也只是暫時的。我們也提議要增加台灣人，但是沒被接受。」除此之外，台灣研究機構也沒有台籍研究人員。

不過，在常陷於僵局的兩岸關係中，往往還是由住在大陸的台灣人居於第一線，進行意見上的溝通，以降低台灣方面的警戒心，進而好像也達到了促進交流的效果。本章也曾提過，如果是由接受日本教育的那一代、並住在大陸的台灣人與台灣的親戚朋友接觸，能提供與傳統的國共人脈不同的交流可能性。而今後可能就是由住在大陸的台灣人，或是與台灣有直接血緣和地緣關係的人立於兩岸之間，分別對兩岸雙邊發揮影響力。

發生在二〇〇二年初夏的「林毅夫事件」，就強烈地暗示這種可能性。

林毅夫以參加葬禮為由申請返鄉，陳水扁政府一開始是基於「人道的理由」，表明會准許他的返鄉申請。最後則因軍方堅持要「追究叛逃者的責任」，使得林毅夫暫緩返鄉。不過民進黨一遇事，總是誹謗或中傷提倡要促進與大陸關係的國民黨和外省人「賣台」，但對於歸順中共的「台灣人逃兵」林毅夫竟然如此寬大，倒是令人印象深刻。

林毅夫的返台申請之所以引起陳水扁政府的關心，據說是因為在大陸投資的台灣議員和工商業者，因為曾經得到林毅夫的幫助，所以向民進黨高層表示希望准許他返鄉。其實，當民進黨籍的立法委員陳其邁和王拓訪問北京，討論台灣、香港之間的航空權問題時，據說林毅夫就曾經居中與北京當局斡旋。由此可見台灣人之間的同鄉意識在背後起了很大的作用。

台灣人在「林毅夫事件」中的反應，具體說明了由地緣關係所生的同鄉意識，

與江澤民（左）交談的林毅夫。2002年初夏因為他的返鄉而發生了「林毅夫騷動」，顯示出台灣和他有直接血緣或地緣關係的人，都可能會受到台灣輿論的影響。（徐宗懋提供）

可以超越意識型態和對國家的認識，引起雙方的共鳴。同時也顯示出居於北京核心的台灣人可以在對台工作中，發揮較戰略性的角色。其實，位於中共核心的台籍人士，似乎也希望以台灣人的身分，在對台政策中表達意見。郭平坦便指出在一九九七年之後，他曾對中共中央負責對台工作的人感到束手無策與焦躁。他也回憶起在陳水扁上台之後，甚至有一部分對台工作者主張以武力攻打台灣。

「我在二〇〇三年四月五日出席了和平統一促進會的理事會，會中充滿『要打台灣』的聲音。有一個人當著我的面說『領土問題沒有商量餘地，像當年康熙出兵新疆血流成河。長痛不如短痛，先打，打完再說』，連這種可怕的事都說得毫不在乎。我那時實在忍不住，就在會議的最後站起來，一口氣說出『打什麼打？現在沒有任何情況之下，我們發動武攻，第一，首先全世界認為軍事法西斯的大陸，進攻民主的台灣，各種制裁和批評都要來。第二，你武攻陳水扁，呂秀蓮高興，台灣人心會團結，宣布獨立。二二八死了幾千個人，你殺了幾萬人，永遠不要台灣和平統一了。第三，美國第七艦隊一定來介入，那麼我們現在的情況之下能打得過嗎？如果一個星期打不下來，一拖，那你要怎麼辦？』」

對於台籍黨員直言不諱的抗議，現場沒有批判，會場一片沉寂。一想到當天的事，郭平坦一直到今天都還義憤填膺。「他們說要打進台灣、殺台灣人，身為台灣人當然不能保持沉默。我也有身為台灣人的自尊心和鄉土愛。而且既然身為中共黨員，如果選擇的路線會誤黨，我不管做什麼事，也必須阻止。我只是退休的一介黨員，不過我發言仍是身為黨員的權利和義務，同時也是身為黨員的責任。」

兩岸間的「求同存異」有可能嗎？

是要與中國統一，還是要台灣獨立？——台灣問題中最大、而且也是唯一的焦點，都集中在這個問題了。從今天的趨勢看來，經濟發展與社會安定這類兩岸雙方的內部事項，和區域安全之類的國際環境，都成為促進兩岸關係改善的動力。

不過，即使台海兩岸的關係今後更見改善，兩岸也加深了交流，但是由過去的歷史看來，台灣人對於大陸、或是大陸人，在過去歷史中造成的隔閡應該會是一個無法小覷的問題。而從台北的觀點看來，大陸方面的大多數人似乎並不理解這個問題。

對於實際立於兩岸交流第一線、居住在大陸的台灣人而言，似乎也認為這個問題是應該克服的難題，林麗韞認為「我等台灣人可以理解台灣同胞在歷史中所受的苦難和不滿。以我個人來說，就是因為理解台灣人的心情，所以才希望成為台海兩岸的橋梁，也覺得這是我的使命」。接著又說「台灣和大陸的人民之間，至少已經有半個世紀以上的隔絕了，彼此走在不同的路上，所以彼此的社會和經濟背景也不相同，如果說各自的情感各異，也是沒有辦法的事。」她又繼續說：

「因為有許多誤解和不正確的宣傳，所以會出現各式各樣不同的思考方式，這應該也是很自然的事。台海兩岸的關係動輒成為情感上的爭論，所以才更需要冷靜的對話，消解彼此的誤解。」

說到感情的衝突，她對於一九八四年以台聯會會長身分，到訪正因舉辦奧運而全市沸騰的洛杉磯一事仍記憶猶新。為了報復美國抵制莫斯科舉辦奧運，除了羅馬尼亞之外，以蘇聯為首的東歐社會主義國家皆抵制洛杉磯的奧運，而北京政府在這時送抵第一個奧林匹克大型選手團，使得

於1984年在紐約的聯合國總部前攝影留念的台聯會眾人。左二為郭平坦，右二為林麗韞。（郭平坦提供）

全美掀起一陣中國熱。

而另一方面，國內外的台灣人社會對於台灣在國際間愈發孤立，也不見社會開放或兩岸關係緩和的可能性，無不對未來感到深深的不安，和有封閉的感覺。林麗韞應洛杉磯當地的華僑團體之邀，出席座談會。到了會場，她才發現這是由親台獨派的團體所舉辦的座談會。林麗韞在台上的發言一結束，滿場的聽眾就開始提出各種問題。

聽眾中有一位女性咄咄逼人的說：「我是山東人，但是嫁給台灣人。妳九歲就離開台灣了，現在又住在北京，我嫁到台灣已經十幾年了。我才是台灣人，妳不是台灣人。」林麗韞也無法沉默不語。她說：「妳怎麼能這麼說呢？用妳剛才的說法，林家從八代之前的祖先就開始是台灣人，妳只有一代。妳說妳是台灣人，這點我接受。但是，再怎麼說我也是台灣人。妳沒有資格、也沒有權利說我不是台灣人。」

或許是懾於林麗韞的氣勢，會場變得一片靜默。而林麗韞也在這個時候，深切感到情感的問題十分難解。她說：

「後來我才知道，她在大陸的親人因為土地改革而遭受痛苦，一聽說我是從大陸來的台灣人，就變得比較情緒化了。要解開這些因歷史而造成的傷害和隔閡，是絕對必要的。不過與人的情感有關的習題，絕對不是這麼簡單的。」

在一九九五年到一九九六年間，中國人民解放軍在台海進行軍事演習時，有一位台灣的朋友問她：「妳在台灣有這麼多親人，難道不會心痛嗎？」她說：「一想到我在台灣、高齡九十歲的姨媽萬一發生了什麼事，說不心痛是騙人的。再怎麼說，台灣都是生我養我的故鄉啊！」

「就因為我是對台灣有感情的台灣人，所以能夠理解台灣人的感覺。而另一方面，我也以台灣人的身分，覺得為了台灣同胞著想，中國統一是一條比較好的路。只以經濟問題來說，如果台灣海峽兩岸可以互補，讓兩岸的經濟更加發展，人民的生活也會更加安定吧。以軍事演習來說，我也理解中國政府的立場，我的立場也不贊成台灣的分離獨立。這種問題的確很難回答。」林麗韞的回答中也透露著困惑。

林麗韞說她最喜歡的話是周恩來常說的「求同存異」。

「周總理在談到中日關係時，常說這句話。我有時候想，台海兩岸關係是否也能套用『求同存異』的精神呢？」

而她也表示：期待今後可以對話，「因為希望雙方的心意相通，所以也會期待關係的改善吧。」

在二〇〇八年馬英九政府上台之後，台灣海峽的兩岸關係有著突飛猛進的進展。林麗韞和郭平坦這些中共核心的台籍幹部，也以「大陸老台胞返鄉謁祖文化參訪團」的名義，在二〇〇九年四月三日，搭乘兩岸直航的飛機返鄉。筆者也在松山機場迎接他們，看到林麗韞和先生彭騰雲滿面帶笑地現身，讓人深深感到時代的變化。

對於郭平坦而言，真的是久違的故鄉了。

「我在一九九五年率領少年合唱團第一次返鄉。第二次則是在一九九六年，當時台北市律師公會招待大陸的律師協會，聽說是法務部長馬英九特別批准我入境。我到台北時，馬英九剛好辭

2009年4月3日，林麗韞和郭平坦等位居中共核心的台灣人幹部以「大陸老台胞返鄉謁祖文化參訪團」的名義，搭乘直航飛機回到台灣。攝於台北的松山機場。（作者提供）

去法務部長之職，但他還是來到我們的集會。與馬先生的交談中，得知他在念台灣大學法律系時，是我的堂姐夫姚瑞光的學生，發現我們還有這層緣分。一九九七年時，我本來也打算以出席歷史學會的名義返鄉，但是因為教育部沒有批准，所以無法成行。二〇〇九年時，我與台聯會歷代的會長副會長一起，回到睽違十幾年的故里。」

從那之後，郭平坦的返鄉便十分頻繁了，他在二〇一〇年與妻子兩人回台，又在二〇一一年返台祝賀弟弟的七十歲誕辰，並在二〇一二年分別帶著兒子與孫子回鄉。

兩岸關係之所以產生變化，部分也是出於北京方面對台灣的態度變化。郭平坦在中共政府內部一直提議現實的對台政策，即便是他，對此也有很深的感慨。

訪問台北時與馬英九（右二）會面的郭平坦（左二）。（郭平坦提供）

「我一直說對台政策的基本姿勢是『相信台灣同胞，依靠台灣同胞』。胡錦濤國家主席在二〇〇五年三月四日的全國人大十屆三次會議中發表了『胡四點』（新形勢下發展兩岸關係提四點意見），其中表明要相信、依靠、尊重台灣同胞。這就是全面反映了我等的提案，讓我感到非常高興。這是對台灣政策方向的大轉彎。把台灣問題放在經濟建設的總路線之下，表明了不急於解決的態度。聽說國台辦的年輕職員在擬定胡四點之前，已經熟讀了我們的文章和主張。」

另一方面，過去誓不兩立的敵人國民黨，對於兩岸關係的擴展則發揮了極大的功能。郭平坦對此有下述評論。

「若是國民黨選擇符合台灣人利益的政治措施，這是值得高興的事。如果因此而改

回到台北省親，與弟弟一家人團圓。中央為郭平坦夫妻。（郭平坦提供）

善了兩岸關係，對中華民族的未來有貢獻，這也很好啊！我也在努力地讓自己理解，今天的國民黨已經不是我們一直要打倒的那個蔣介石的國民黨了。不管是哪個黨或哪些人，只要願意推動兩岸關係的改善及擴大，我都很樂意和他們交流。」

從台灣的角度來看，在過去的歷史中，台灣人民對於中共的不信任根深柢固，即使是旁人都感受得出來，這對於兩岸之間的「理性對話」造成不小的阻礙。另一方面，即使大陸方面想要改善對台灣的不理解，但之前已經透過強力的政治宣傳，阻擋了有關台灣的資訊，再加上交流擴大之後，又累積了種種誤解，也不是一朝一夕可以解決的。同時，韓寒在二〇一二年五月十日刊載了一篇文章〈太平洋的風〉，引起廣大的共鳴，就像他這篇文章，以及讀者的共鳴所透露出的，在與台灣的實際接觸過程中，的確有越來越多大陸和香港的居民，對台灣所代表的價值產生共鳴與憧憬，這些影響也值得注意。

台灣海峽兩岸的關係透過金錢和物資、資訊、親屬關係等各種有機要素，雖然可能會有些曲折，但一直走向擴大一途，今後應該也不大可能再走回頭路了吧。因為兩岸間的實質交流擴大，在不斷的摩擦和衝突中，也增進了相互的理解，對於相互的感情，也可能產生一些變化。無論是「求同存異」，還是其他形式的關係，在這個時代，不論是台海兩岸的當政者或是人民，都必須要認真摸索新時代的兩岸關係吧。

後記

一九八八年春天，在某一天的黃昏時刻，筆者在灰塵漫天的台北車站前見到了遠從日本而來的一位年紀相仿的朋友。朋友告訴我，他在來台灣旅行之前，才剛參加過大學的交流活動而出訪北京，所以向亞東關係協會的駐日代表部申請入境台灣的簽證時，被要求出示「本人與中共並無關係」的聲明，他說這番話的時候，似乎覺得十分有趣。當時的台灣在解嚴之後剛過半年，「三民主義統一中國」、「保密防諜人人有責」的標語仍隨處可見。筆者在當時剛到台北來學中文，對於台灣瞬息萬變的情勢，也覺得充滿刺激。

天南地北閒聊的當兒，友人提到：

「我在北京認識了一位日語講得很好的長輩。我告訴他最近會到台灣去玩，他就到宿舍來找我，給了我一些北京名產和一捲錄音帶，拜託我帶給他台北的親戚。」

那位嫻熟日語的長輩應該是大學的日語老師，是大陸方面負責學生交流事務的老師之一。朋友說他想幫那位長輩轉交錄音帶，不過對台北的地理不太熟悉，所以拜託我陪他一起去，於是我就幫他帶路，順便一起去了。

在用紅字印著大學名稱的便條紙上，看起來像是年長者的字跡寫著一個住址。那個地方位於台北車站北邊，是淡水邊緣的一個住宅區，地址裡有「巷」和「弄」，標示著它位於小巷子裡。那是一間沒有電梯的公寓，我們沿著樓梯爬到三樓還是四樓。筆者和朋友與看起來像是男主人的一位年紀略長的男性及他的太太用日語交談，接著又和陸續回家的幾個兒子用中文聊天。如果到在日治時期接受日本教育的台灣人家裡拜訪，常可見到這樣的情景。男主人叫他的兒子把我們帶來的錄音帶播放出來。筆者和朋友被留下來共進晚餐，所以也意外地一起聽了錄音帶的內容。

從錄音帶中傳出了像是在哭泣似的微弱聲音，說的似乎是閩南語。夫妻兩人時而拭淚，屏息專心聽著，他們的幾個兒子也一臉專注地側耳聆聽。聽完錄音之後，男主人開始向我們介紹這個聲音的主人。

「我的哥哥加入了共產黨。」

一九四九年十月一日中華人民共和國建國，中華民國的中央政府在該年十二月遷台，翌年又爆發韓戰，美軍決定支援中華民國，中國大陸和台灣因而確定將處於分離的狀態。聲音的主人在這些事件發生前就已前往大陸，因而再也無法回到台灣。台灣的親人也不可能到大陸找他。雙方經過了將近四十年的隔絕，不久之前才得知了對方住在哪裡。

「媽媽到死之前都一直惦念著哥哥。因為哥哥的關係，常有警察來找麻煩，我也有很長一段時間只好住在國外。」

男主人苦笑著吐出上面這些話，接著又繼續說。

「哥哥是正義感和自尊心都很強的人。他在戰前反抗日本人，戰後又因為反對國民黨而加入了共產黨，不知道什麼時候就到大陸去了。剛才聽你所說的，他好像在那邊也吃了不少苦吧。」

過了二十多年後的今天，我沒有把握能夠再找到同一個地方了。不過，在一九八八年的那天晚上，看到了在日本殖民時代受教育的台灣男性，因為聽到了遠從北京傳來兄長的聲音而嗚咽著，筆者確實因此感受到半世紀以來大日本帝國的殖民地——台灣，與隔著台灣海峽、藏於漆黑的布幕之後那片廣闊的大地，兩者之間有著某種看不見、摸不著的連結。而那天就好像在沙漠中看到冒著熱氣的海市蜃樓那樣不可思議的感覺，即使在汲汲於台北的日常生活中的每一天中，這種感覺還是一直在哪裡呼喚著筆者。

台灣社會在一九九〇年代發生了重大的變化，筆者當時在因緣際會之下，得以在台灣的媒體界工作，並展開在台北的生活。雖然因為在現場報導而有機會觀察到當時動盪的台灣社會，但試問自己到底能否做到深入全面的觀察，心裡感到些許不安。儘管筆者所從事的工作是要把台灣的變化形諸於新聞，但說不定筆者也只是在台灣社會的一角、單憑著個人的興趣和關懷，只感受到變化的其中一個面向。也可能是因為這樣吧，每當報導台灣海峽兩岸關係的重大新聞時，筆者總會隱隱想起那個晚上的感覺——在台北的一個普通住宅區，我從旁看到的那條連結著海峽兩岸的「歷史的暗流」。

筆者走訪了台灣、中國大陸和日本，採訪了林麗韞、吳克泰、郭平坦等活躍於北京政府內部的台灣人，以及以台北政府外交官的身份一直與中共對抗的林金莖，在這個過程中，慢慢感受到連結海峽兩岸的這股暗流，應該就是同胞的意識，而且還具體化成親情與友情的羈絆。

也有人認為這僅止於親情與友情的羈絆，不能說是國家和民族的意志力，也不過就是根據國家和政治家的狀況，而濫用個人的關係。的確，國共的對立讓被分隔在台海兩岸的一家蒙受了巨大的痛苦，並產生理不清的糾葛，也為過去的朋友和同志帶來了無法彌補的裂痕。

可是，包括台灣在內的華人圈對於親人和同鄉這類的關係，是格外重視的。親人之間的情誼有時候會超越政治的隔閡和想法的不同，互相引起共鳴，這在本書中也提到好幾個實際存在的例子。即使親人分屬台灣海峽兩岸，但他們之間的羈絆，其深度和緊密度都遠遠超乎局外人的想像，也就是說，連結台灣海峽兩岸那個看不見的牽絆，在觀察今後的兩岸關係時，是絕對必須注意的。

在過去二十幾年來，台灣海峽兩岸的經濟、貿易關係一直擴大與成長著，也聽說定居、或長期居住在中國大陸的台灣人，早就達到百萬人以上的規模。單以這個數字來計算，就是台灣總人口的百分之三～四了。也就是說，如果用台灣的總人口來換算，每二十五～三十個台灣人之中，就有一個人住在中國大陸，如果說每個人「看看自己周圍的親朋好友，一定有誰住在大陸」，這話說得一點也不誇張。可以預期的是：因為工作或求學而長期生活在中國大陸的台灣人，以及在中國大陸出生長大的台灣人，今後也會一直增加。

根據筆者在台北和中國大陸各地對這些人的觀察，他們雖然和大陸社會漸漸產生緊密而實質的關係，但是也不會切斷和台灣的親戚及朋友的關係。而且，雖然現在還沒有形成一股明顯的趨勢，不過透過與台灣人之間的通婚等方式，在台灣居住的大陸人也有日漸增加的傾向。當然，他們也會繼續維繫和大陸的親戚、朋友之間的人際關係。他們和台灣之間未曾間斷、緊密連結的人際關係，甚至超越林麗韞等人和台灣的連結，從現在到未來，還會一直出現吧。這種人際關係關係一般不會顯露在外，不過在今日已經密集地分佈在兩岸之間。這種「密不可分的人際關係」一定會繼續在兩岸雙方之間延展，這會從內部發生怎樣的變化呢？應該是日後很值得關注的點。

筆者對林麗韞、林金莖、吳克泰、郭平坦、陳炳基等人密集進行的訪問，是在二〇〇二年到二〇〇五年之間完成的。本書所引用的上述受訪者的話，大部分是出自當時的採訪紀錄。二〇〇六年時，筆者將這些採訪紀錄加以整理，交由日本經濟新聞社以《日・中・台 看不見的牽絆》（日文：日・中・台 視えざる絆）為名，出版專書。在二〇〇八年之後，台灣海峽兩岸關係發生巨大的變化，也因為中國大陸的膨脹，其影響所及，使得國際情勢也發生了變動。為了反映這些變化，筆者感到有必要再重新收集材料與整理。所以已出版的拙著之上，又加上了二〇〇八年之後發生的新事實，二〇〇六年在日本出版的拙著中，不少內容不得不割愛，現在也挑選出台灣等華人圈的讀者諸賢應該會感興趣的內容，大幅加入新版中。

接受採訪的林金莖先生已於二〇〇三年十二月去世，而吳克泰先生則在二〇〇四年四月離世。在此對兩人生前的盛情表達感謝之意，並為故人祈福。本書的調查和取材歷經數年才完成，其中受到許多人的指教和幫助。本書的企劃須感謝聯經出版公司的發行人林載爵先生，而本書的出版得益於主編梅心怡女士、翻譯堯嘉寧女士的幫助。謹在此向所有人致上謝意。本文中省略了一切敬稱，特此說明。

本田善彥

年表

年份	日期	事件
一九〇八	九・一五	廖承志出生於東京。
一九二三	七・一八	林金莖出生於台南縣佳里鎮。
一九二五	二・一五	吳克泰出生於宜蘭。
一九二八	四・五	台灣共產黨於上海成立。
一九三三	一・二一	郭平坦出生於台南市。
一九三三	三・二三	林麗韞出生於台中清水。
一九三六	三月	台灣發生「祖國事件」。
一九四〇	春	林麗韞一家自台北搬至神戶。

一九四一	一二・八	珍珠港事件，太平洋戰爭開始。
一九四三	一二・一	中華民國、美國、英國發布《開羅宣言》。
一九四五	六・三〇	日本秋田縣發生「花岡事件」。
	七・二六	中華民國、美國、英國發布《波茨坦宣言》。
	八・一五	日本投降。
	一〇・二五	陳儀接受安藤利吉總督的投降，宣示台灣本島及澎湖群島劃入中華民國領土。
一九四六	三月	陳舜臣返回台灣教書。
	六・二三	中華民國政府公布「在外台僑國籍處理辦法」。
	八～十月	林金莖考取公費保送，至上海復旦大學法律系就讀。
	九月	李登輝加入中國共產黨地下組織。
	一二・二四	沈崇事件，之後吳克泰等人在台北發動學生反美遊行。
一九四七	二・二八	二二八事件。
	一一・一二	台灣民主自治同盟（台盟）在香港成立。

一九四九	一月	林金莖返回台灣，於台灣大學就讀。
	三月	吳克泰與妻子自台灣前往上海。
	五・四	吳克泰率台灣省五四青代表團到北京參加第一屆全國青代表大會。
	五・二〇	台灣全境實施戒嚴。
	一〇・一	中華人民共和國成立。
	十二月	中華民國政府遷至台北。
一九五〇	四・一〇	中央人民廣播電台的對外廣播開始使用「北京放送」台呼。
	五月	郭平坦姐夫鄭海樹被國民黨逮捕並槍殺。
	六・二五	韓戰爆發。
一九五一		中共成立中聯部。
	九・八	二戰同盟國與日本簽署《舊金山和約》。
一九五二	四・二八	中華民國與日本簽署《日華平和條約》，《舊金山和約》生效。
	七月	林麗韞自日本經香港返回中國大陸。

一九五三	三・五	中共針對日本人歸國問題發表「北京協定」。
	七・二七	韓戰結束。
	夏	林麗韞與廖承志見面，派任至天津的中僑委，並遇到陳妙玲。
	十一月	郭平坦以中國留日同學會副主席身分至北京參加僑務擴大會議。
一九五四	十月	廖承志等中國紅十字會代表團訪日，郭平坦在東京見到廖承志。
一九五五		中共成立對日工作委員會。
一九五六	四・二五	毛澤東提出「百花齊放、百家爭鳴」方針。
	八月	郭平坦攜妻兒自日本返回中國大陸。
一九五七		反右運動開始。
一九五八		大躍進開始。
	八・二三	八二三炮戰。
一九六〇	一・一九	美國與日本簽署《美日安保條約》。
一九六二		林金莖轉任大阪總領事館副領事。

一九六三	十月	廖承志任中日友好協會會長。
一九六四	四・二〇	日中簽署關於互設貿易辦事處和交換常駐記者的備忘錄。
	一〇・一〇～二四	第十八屆夏季奧運在東京舉行。
	一一・九	佐藤榮作任內閣總理大臣（首相）。
一九六六		文化大革命開始，吳克泰被下放勞改至一九七二九月。
		林金莖任外交部亞太司第一科（日韓科）科長。
一九六七	八・二三	紅衛兵火燒英國駐北京代辦處。
一九七一	三・三一	周書楷擔任外交部長。
	四月	美國與中國進行「乒乓外交」。
	七・九	福田赳夫任日本外務大臣（佐藤榮作內閣）。
	七・九～一一	美國國家安全顧問季辛吉祕密訪問北京。
	十月	季辛吉第二度訪問北京。
	一〇・二五	中華民國宣布退出聯合國。中華人民共和國進入聯合國，取代中華民國在安全理事會的席位。

		林金莖任中華民國駐日大使館政務參事官。
一九七二	二・二一〜二八	美國總統尼克森訪中。
	五・二九	周書楷離職，由沈昌煥繼任外交部長。
	六月	廖承志復職。
	六・一	蔣經國任行政院長。
	七・七	佐藤榮作卸任日本首相，改由田中角榮接任。大平正芳任外務大臣。
	七・二四	自民黨舉行「日中國交正常化協議會」第一次集會。
	七・二九	日本公明黨委員長竹入義勝等人訪問北京，與周恩來會談，擬定「竹入備忘錄」。
	九月	吳克泰復職。
	九・八	自民黨「日中國交正常化協議會」決定日中邦交正常化方針。
	九・一七〜一九	「台灣特使」椎名悅三郎訪台。
	九・二五〜三〇	田中角榮訪問中國，與毛澤東、周恩來會談。於二十九日發表日中邦交正常化聲明，終止《日華平和條約》，與中華民國斷交。

	九・二六	日本寶潮丸漁船於南海遭中華民國警備隊逮捕。
	一二・一	日本成立「財團法人交流協會」。
	一二・二	台北成立「亞東關係協會」，林金莖任副代表。
	一二・二二	田中角榮連任首相。
一九七三		陳舜臣取得中華人民共和國國籍。
	二・二八	大陸舉行「台灣人民的『二二八』起義二十六周紀念座談會」。
	三・一四	自民黨「日華議員懇談會」成立。
	四月	廖承志、林麗韞等中日友好協會代表團訪問神戶，與陳舜臣見面。
	八月	中國共產黨第十屆全國代表大會中出現「台灣省籍黨員代表團」。
	十一月	蔣經國宣布推行十大建設。
一九七五	四・五	蔣介石逝世。
一九七六	一・八	周恩來逝世。
	九・九	毛澤東逝世。

一九七八	五・二六	蔣經國就任總統。
	十二月	郭平坦被派任為中共駐大阪總領事館領事。
	一二・一六	沈昌煥離職，由蔣彥士繼任外交部長；中共停止了對金門的砲擊。
一九七九	一・一	美中邦交正常化；中共全國人大常委會發表「告台灣同胞書」。
	一二・一〇	美麗島事件。
一九八〇	一一・二三	大陸第一個台灣同胞組織「浙江台灣同胞聯誼會」成立。
一九八一	一〇・一	葉劍英提出「有關和平統一臺灣的九條方針政策」（葉九條）。
	一一・三	台灣同學會成立。
	一二・二二	中華全國台灣同胞聯誼會（台聯會）成立，林麗韞擔任會長。
一九八三	六月	鄧小平提出「一國兩制」。
一九八五	六月	郭平坦任台聯會副會長。
一九八七	七・一五	台灣解嚴。
	十・一五	台灣宣布開放至大陸探親。

一九八九	五・四～六	亞洲開發銀行會於北京舉行。
	六・四	天安門事件。
		陳舜臣因六四天安門事件對中共不滿而歸化日本籍。
一九九〇	八月	呂秀蓮走訪福建南靖。
	十月	台灣成立國家統一委員會。
一九九一	一月	台灣設立財團法人海峽交流基金會（海基會）。
	五月	台灣終止「動員戡亂時期」。
	七月	陳水扁出訪大陸。
	十一月	大陸設立海峽兩岸關係協會（海協會）。
一九九三		林金莖任駐日代表（至一九九六年）。
一九九四	三月	司馬遼太郎為《台灣紀行》採訪李登輝。
一九九五	六月	李登輝訪美。
一九九六		林金莖任亞東關係協會會長（至二〇〇一年）。

一九九九		林麗韞於戰後第一次回到台灣。
二〇〇一		林金莖任國策顧問。
	四月	李登輝赴日就醫。
二〇〇二	夏	林毅夫事件。
二〇〇五	九月	日本對在台設有戶籍者實施免簽。
二〇〇九	四・三	林麗韞、郭平坦等中共的台籍幹部，以「大陸老台胞返鄉謁祖文化參訪團」之名返台。
二〇一三	四月	兩岸向日本抗議將釣魚台列島國有化。
	四・一〇	於台北簽署《台日漁業協議》。

參考書目

中文書籍

中日合作策進委員會編。《張群祕書長訪問韓日紀要》。台北：中日關係研究會，一九七一。
中共中央文獻研究室。《周恩來年譜　一九四九—一九七六（下）》。北京：中央文獻出版社，一九九七。
中共中央台灣工作辦公室、國務院台灣事務辦公室。《中國台灣問題》。北京：九州出版社，一九九八。
中華全國台灣同胞聯誼會編。《台灣人與新中國》。台北：海峽學術出版社，二〇〇五。
毛澤東。《毛澤東外交文選》。北京：中央文獻出版社．世界知識出版社，一九九四。
毛澤東。《建國以來毛澤東文稿》第十三冊。北京：中央文獻出版社，一九九八。
北京日本歸僑聯誼會編著。《日本歸僑華僑與中日友好》。北京：北京時代弄潮文化發展公司，二〇一二。

吳克泰。《吳克泰回憶錄》。台北：人間出版社，二〇〇二。
吳學文。《風雨陰晴——我所經歷的中日關係》。北京：世界知識出版社，二〇〇二。
吳濁流。《亞細亞的孤兒》。台北：草根出版，一九九五。
李永得、徐璐。《歷史性・大陸行》。台北：自立晚報社，一九八七。
沈劍虹。《使美八年紀要　沈劍虹回憶錄》。台北：聯經出版公司，一九八二。
谷正文。《特務檔案》。香港：東西文化，一九九六。
周恩來。《周恩來選集（下）》。北京：人民出版社，一九八四。
林金莖。《林金莖先生訪問紀錄》。台北：中央研究院近代史研究所，二〇〇三。
季辛吉（Henry Kissinger）。《季辛吉回憶錄：中國問題全文》。台北：時報文化出版，一九七九。
施友義主編。《台灣同胞在大陸》。福州：海風出版社，一九九三。
師哲。《中蘇關係見證錄》。北京：當代中國出版社，二〇〇五。
徐宗懋。《二二八事變第一主角謝雪紅珍貴照片》。台北：時英出版社，二〇〇四。
徐宗懋。《民進黨在中國　扁呂的中國初體驗》。台北：時英出版社，二〇〇四。
徐宗懋。《關於李登輝同志的若干歷史問題》。台北：時英出版社，二〇〇四。
高文謙。《晚年周恩來》。香港：明鏡出版社，二〇〇三。
張香山。《中日關係管窺與見證》。北京：當代世界出版社，一九九八。
郭平坦等編。《回國五十年　建國初期回國旅日華僑留學生文集》。北京：台海出版社，二〇〇三。

陳木杉。《海峽兩岸編寫台灣史的反思與整合》。台北：台灣學生書局，一九九七。
陳芳明。《謝雪紅評傳——落土不凋的雨夜花》。台北：前衛出版社，一九九一。
陳貴州主編。《海峽情深　紀念全國台聯成立二十周年》。北京：中華全國台灣同胞聯誼會，二〇〇一。
陳銘城。《海外台獨運動四十年》。台北：自立晚報社，一九九二。
陸以正。《微臣無力可回天　陸以正的外交生涯》。台北：天下文化，二〇〇二。
傅穎主編。《光影70年中國國際廣播電台日語廣播開播70周年紀念特輯》。北京：外語教學與研究出版社，二〇一一。
黃天才。《中日外交的人與事》。台北：聯經出版公司，一九九五。
葉紀東。《海峽兩岸皆我祖鄉》。台北：人間出版社，二〇〇〇。
趙玉明主編。《中國廣播電視通史（上卷）》。北京：北京廣播學院出版社，二〇〇〇。
劉紹唐主編。《民國大事日誌》第二～四冊。台北：傳記文學出版社，一九八六～九五。
劉德有。《時光之旅　我經歷的中日關係》。北京：商務印書館，一九九九。
錢復。《錢復回憶錄卷一：外交風雲動》。台北：天下文化，二〇〇五。
藍博洲。《幌馬車之歌》。台北：時報文化出版，一九九四。
藍博洲《尋訪被湮滅的台灣史與台灣人》。台北：時報文化出版，一九九四。
鐵竹偉。《廖承志傳》。香港：三聯書店，一九九九。

中文報刊

《聯合報》、《中國時報》、《經濟日報》、《工商時報》、《中央日報》、《自由時報》、《星島日報》、《明報》、《大公報》、《文匯報（香港）》、《人民日報（海外版）》、《七十年代（九十年代）》、《廣角鏡》、《新新聞》、《傳記文學》、《亞洲週刊》

日文書籍

ＮＨＫ取材班。《周恩来の決断　ＮＨＫスペシャル　日中国交正常化はこうして実現した》。東京：ＮＨＫ出版，一九九三。
鬼頭春樹。《国交正常化交渉　北京の五日間——こうして中国は日本と握手した》。東京：ＮＨＫ出版，二〇一二。
石井明等編。《記録と考証　日中国交正常化・日中平和友好条約締結交渉》。東京：岩波書店，二〇〇三。
早坂茂三。《早坂茂三の「田中角栄」回想録》。東京：小学館，一九八七。
大平正芳回想録刊行会。《大平正芳回想録（伝記編・資料編）》。一九八二。
王泰平。《大河奔流》。奈良：奈良日日新聞社，二〇〇二。
古川万太郎。《日中戦後関係史》。東京：原書房，一九八八。

時事通信社政治部編。《ドキュメント　日中復交》。東京：時事通信社，一九七二。
田川誠一。《日中交渉秘録　田川日記　14年の証言》。東京：毎日新聞社，一九七三。
佐藤栄作。《佐藤栄作日記（第四・五巻）》。東京：朝日新聞社，一九九七。
楠田實。《楠田實日記——佐藤栄作総理首席祕書官の二〇〇〇日》。東京：中央公論新社，二〇〇一。
椎名悦三郎追悼録刊行会。《記録　椎名悦三郎（下巻）》。一九八二。
若菜正義。《明日の台湾——その現実と底流》。東京：新国民出版社，一九七三。
キッシンジャー。《キッシンジャー祕録　三　北京へ飛ぶ》。東京：小学館，一九八〇。
林金茎。《梅と桜　戦後の日華関係》。東京：サンケイ出版，一九八四。
由良善彦。《日台国交断絶す　その時私は台北にいた》。東京：開放経済研究所，一九七二。
陳天璽。《無国籍》。東京：新潮社，二〇〇五。
張群。《日華・風雲の七十年》。東京：サンケイ出版，一九八〇。
小林よしのり。《新ゴーマニズム宣言　台湾論》。東京：小学館，二〇〇〇。
林景明。《日本統治下　台湾の「皇民化」教育》。東京：高文研，一九九七。
陳舜臣。《道半ば》。東京：集英社，二〇〇三。
中華会館編。《落地生根　神戸華僑と神阪中華会館の百年》。東京：研文出版，二〇〇〇。
神戸華僑華人研究会編。《神戸と華僑　この150年の歩み》。神戸：神戸新聞総合出版センター，二〇〇四。

安井三吉。《帝国日本と華僑　日本・台湾・朝鮮》。東京：青木書店，二〇〇五。
安井三吉編。《阪神華僑の国際ネットワークに関する研究　調査研究資料３，神戸中華同文学校「校友会報」》。神戸：神戸大学国際文化学部，二〇〇三。
神戸中華同文学校校友会。《校友会名簿　2003年》。二〇〇三。
林滋子。《中国・忘れえぬ日々》。東京：亜紀書房，一九八六。
孫平化。《中国と日本に橋をかけた男　私の履歴書》。東京：日本経済新聞社，一九九八。
蕭向前。《永遠の隣国として　中日国交回復の記録》。東京：サイマル出版会，一九九七。
平林美鶴。《北京の嵐に生きる》。東京：悠思社，一九九一。
吳濁流。《アジアの孤児　日本統治下の台湾》。東京：新人物往来社，一九七三。
外文出版社（北京）。《台湾省人民の「二・二八」蜂起二十六周年を記念する》。北京：外文出版社，一九七三。
ウイリアム・バー編。《キッシンジャー「最高機密」会話録》。東京：毎日新聞社，一九九九。
吉田勝次。《自由の苦い味――台湾民主主義と市民のイニシアティブ》。東京：日本評論社，二〇〇五。
蔡焜燦。《台湾人と日本精神》。東京：日本教文社，二〇〇〇。
台湾総督府警務局編。《台湾総督府警察沿革誌（三）》。一九三九。
郭煥圭。《台湾の行方》。東京：創風社，二〇〇五。
天児慧等編。《岩波　現代中国事典》。東京：岩波書店，一九九九。

外務省情報部編纂。《現代中華民国・満洲帝国人名鑑》。東京：東亜同文会，一九三七。

日文報刊

《読売新聞》、《朝日新聞》、《毎日新聞》、《日本経済新聞》、《産経新聞（サンケイ新聞）》、《世界》、《文藝春秋》、《中央公論》、《中華週報（台北週報）》、《人民中国》、《北京週報》、《台湾青年》、《神戸華僑歴史博物館通信》

日文網站

データベース「世界と日本」。http://www.ioc.u-tokyo.ac.jp/~worldjpn/documents/
東京外語会。http://www.path.ne.jp/t-gaigo/
21世紀中国総研。http://www.21ccs.jp/index.html
国際連合ホームページ。http://www.unic.or.jp/
警視庁「警備警察50年」。http://www.npa.go.jp/kouhousi/biki2/index.htm

聯經文庫
台灣人的牽絆：搖擺在台灣、大陸與日本間的「三顆心」

2015年8月初版　　定價：新臺幣390元

著者　本田善彥
譯者　堯嘉寧
發行人　林載爵

出版者　聯經出版事業股份有限公司
地址　台北市基隆路一段180號4樓
編輯部地址　台北市基隆路一段180號4樓
叢書主編電話　(02)87876242轉211
台北聯經書房：台北市新生南路三段94號
電話：(02)23620308
台中分公司：台中市北區崇德路一段198號
暨門市電話：(04)22312023
台中電子信箱　e-mail：linking2@ms42.hinet.net
郵政劃撥帳戶第0100559-3號
郵撥電話：(02)23620308
印刷者　文聯彩色製版印刷有限公司
總經銷　聯合發行股份有限公司
發行所：新北市新店區寶橋路235巷6弄6號2樓
電話：(02)29178022

叢書主編　梅心怡
校對　吳淑芳
封面設計　高偉哲

行政院新聞局出版事業登記證局版臺業字第0130號

本書如有缺頁，破損，倒裝請寄回台北聯經書房更換。　ISBN 978-957-08-4591-4 (平裝)
聯經網址：www.linkingbooks.com.tw
電子信箱：linking@udngroup.com

國家圖書館出版品預行編目資料

台灣人的牽絆：搖擺在台灣、大陸與日本間的「三顆心」/本田善彥著．堯嘉寧譯．初版．臺北市．聯經．2015年8月（民104年）．344面．14.8×21公分
（聯經文庫）
ISBN 978-957-08-4591-4（平裝）

1.中日關係 2.外交 3.台灣史

643.1 104012310